Let's go Lilywhites

This is the club, that will be remembered forever! Players ... and so on! Get the best and newest facts about Spurs ... ake a Daily Spurs Word Search a Healthy Daily Habit fo... enjoyed this book, please leave a review! This will h... ch more readers like You.

How to use this book?

- **Words you need to search:** You need to search words, that are shown at the bottom of each page. Words that are in parentheses are only for information. For example, if you see the example – Band (The Beatles), then you need to search only the name – Band.

- **Directions:** You can find words in these directions - up, down, right, diagonal down, diagonal up! Example below:

```
T V L H W D R M Q H J O N B I P S W Q V
S Z Z K R C F Q M E I D P Y L V X S X P
I Y I W G P C G H F Y X I R W Z U W A A
Q U Y A Z L Y F Z P Q N S A Y H W J C T
S U O V Y L O G A M S Z Q Z X B D K X R
I K I K D R Q S G X J K A P R D F B Y I
A P L E Y T H Q Z N U Y U X Z B S H K C
K K E H S H J Q C S J Y V R Z E A J H I
W F J R W B Q F L Y O M A O Z R T V Q A
U S X D V H Q O G B R D Y Q O N R M R E
N A T O D Q N W K B P R U B S U S A N Y
C V I K R K S K B A H U E P N H B R Z Y
Z J K M T C C Q C K H D K G B R X Y L C
P H P F W G L C Z S G J E B A Z O K D P
H K M J T G T O Z L Z V Y B K I M X A J
S C C Y J T J V H B K T Z C R L P B Q G
N J M H G A D D U V A L I N D A O B O B
L N F M C P K K M N P R Z T M V H W R M
A G V V Y G Q O A G N I F Y R Y K P N R
C Y Z T R I D K H A T R K B A E R J N W
```

BEST PLAYERS EVER - 1

```
Q X K O R Z E H Q K U A A Z A N Y J R T
R Q O Y C A S D N P J Z T K T L D W W I
K Y H A D R O O E V K T G G M F M P J Z
I L L Q W P R N L Y Q Q J G O W D R P Z
S L Q M W K A O H Q K I D N O X D B E O
K W T C R K Y C B N A E O V X D P W F U
D T M L A E Z S M B G V C C M D N R O G
T F Q U N Z V H T G I T V M F O R I D N
A I R D K S T P A E K E H K Y S L H A F
O I D A D J F N V R V P N T L E Z M B G
L U I C F A L E W F R E U N D A Y L A J
G O D X O I T N H R F Y F E N R H A R C
D N I Q H S P P J F A Y T D R J I C E C
M C T O C L E M E N C E C E A Z Y R F C
R S C J B X M T I L C X P Y D F T W L Z
F P H U E Z S Y L D V P T L T D X Q D F
V L B E Y X K E A N E I Z Z A R Y B W Z
H E U G I C C A M P B E L L R R A T I X
A C R F I P A R C H I B A L D U I M S K
H E N R Y U S H E R I N G H A M Z R C U
```

- ☐ ~~Teddy~~ Sheringham
- ☐ Ted Ditchburn
- ☑ ~~Sol Campbell~~
- ☐ Steve Perryman
- ☐ Steve Archibald
- ☐ Steffen Freund
- ☐ Ron Henry
- ☐ Robbie Keane
- ☐ Ricky Villa
- ☐ Ray Clemence
- ☐ Harry Kane

*Find each word separately (Example: Sol Campbell)

TOP MANAGERS OF ALL TIME

```
G J D H R J I W X E W D R Y P Y M B R R
O H A R R Y G Q H M X T W Q M B X D D Y
C O N T E C Q Y J Q Y B Z H B A X P C Q
P E T E R A R T H U R K S Q X W T Z T W
V T O E P M M F K D Y Z N A Z A D K T B
P O N Z R E D K N A P P P G O I R F G U
U K I A O R G K Y X C N X I P U W X B R
Y B O C W O Y R K P G D G E Z E P H L K
Y G Y Q E N T X S C B B X P N K A U D I
R E Q G O O W F J E W A G Y M A R T I N
T N G M J J V G O E E F Z A A Q M B O S
Z S S G J P O C H E T T I N O K E I T H
W M K Q E J S C N K O L O B S W C L D A
H K I B B R Z W J O L S M A K I H L O W
Y J F L D T W B G I L C P H R Z R S V P
C M C W I C R R W O R O K U Z A J F W V
T S F C X Y A C H B A H A S T B A G B W
X Y F R P H M C O U M M E L B G S K L E
X Z Q N F O I C U H U Y Y Q O E Y D L H
R D D V E N A B L E S L R I K T O A U O
```

☐ Terry Venables
☐ John Cameron
☐ Peter McWilliam
☐ Antonio Conte
☐ Martin Jol

☐ Harry Redknapp
☐ Mauricio Pochettino
☐ Arthur Rowe
☐ Keith Burkinshaw
☐ Bill Nicholson

*Find each word separately (Example: Sol Campbell)

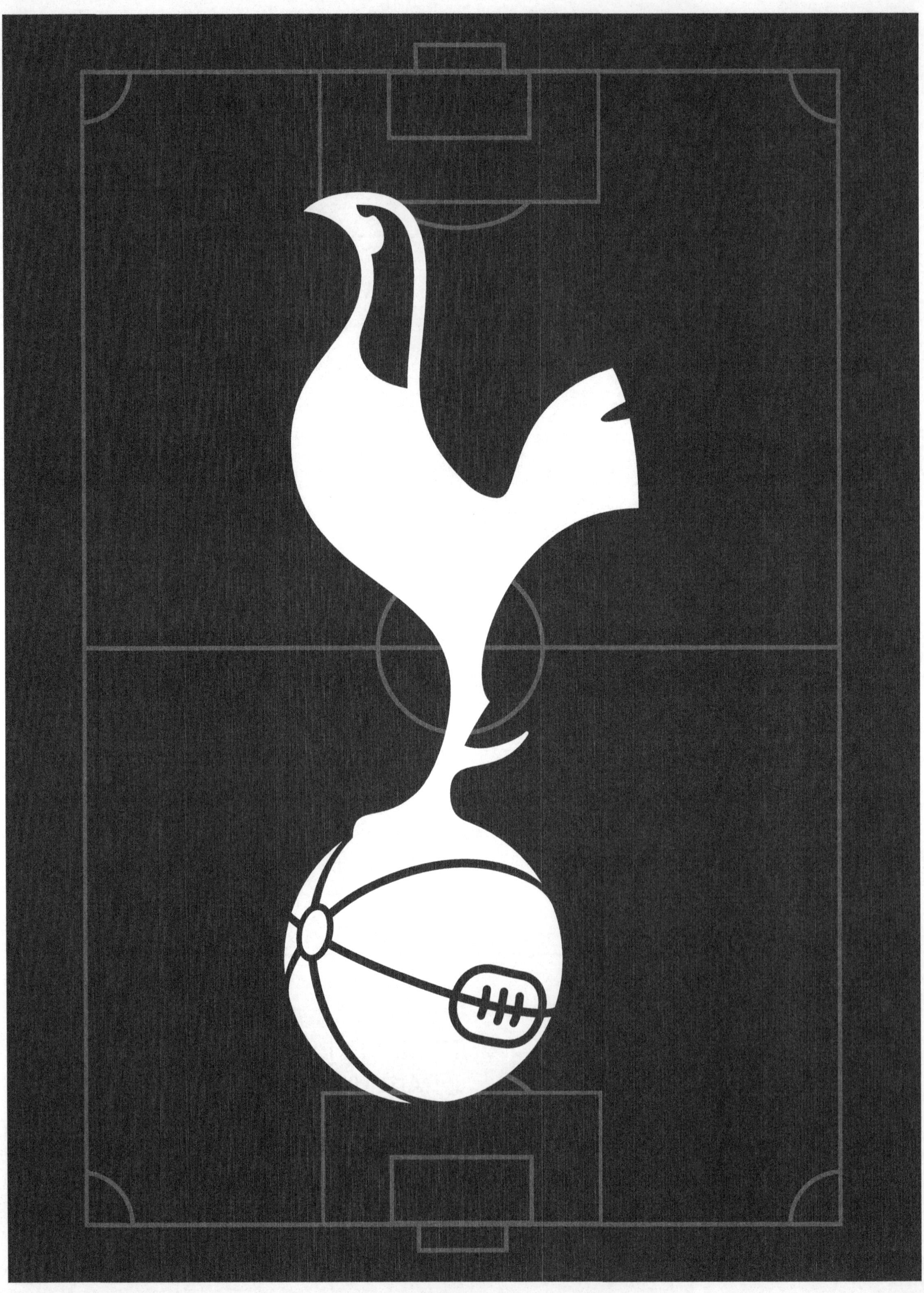

ALL-TIME XII

```
N C R H O D D L E U Q J I R G D S E O R
A B L A N C H F L O W E R D R G Z G Y J
G D B R J H E N G L A N D R O V W E X J
E G D R L Z X K A N E N M H E L L G D M
A F F Y F M G A R Y K I N G X D K S A Y
Z A L J B I M R Y L I N E K E R Y S N T
W J F J Z H N P E E D G T L U R B O N Y
A R A D C M B Y M A A S E K E G R L Y B
Y P Z J K P W G R F V X R W S Q L M Y H
Y B L R A E J M S X E E W A Y E M A U B
W N G E U I Q J D L K I S Y B I A B F U
F F V G D G E G J I X L Q P J W C B S G
R A F T K V V I M M P M M E Y H K U S L
I G R F D R M S B U U A O W Q D A T I E
S D L Y R D F P N J C Z T W T J Y T C N
E Z M X D G G M E F Z Z K Y W Z E E E N
U A M I A F B B R U R Q Z R S P O K S A
B M Q G S S E U R R K U R O P B S Q L S
C E O S N O A H S I I O M E C H J F Q I
B G K A K W Z K C R X X Y A Y X Y Y T D
```

- ☐ Pat Jennings
- ☐ Sol Campbell
- ☐ Mike England
- ☐ Ledley King
- ☐ Gary Mabbutt
- ☐ Glenn Hoddle
- ☐ Dave Mackay
- ☐ Danny Blanchflower
- ☐ Jimmy Greaves
- ☐ Gary Lineker
- ☐ Harry Kane

*Find each word separately (Example: Sol Campbell)

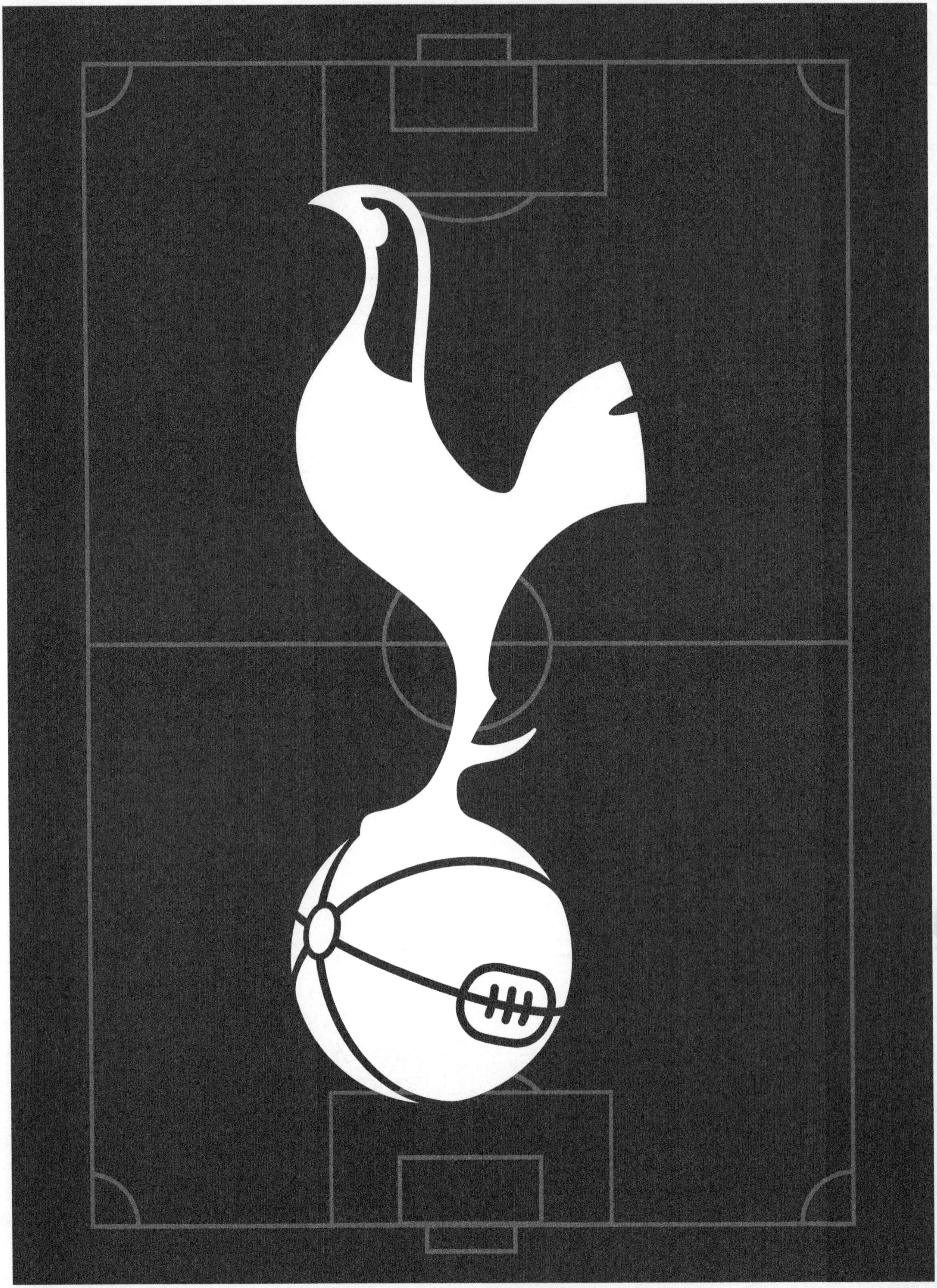

GREATEST TOTTENHAM STRIKERS EVER - 1

```
G S R I C D W M Y J Y P B L V H Z G Q W
F A C V B E U B K U P Y L H Q U R V H P
K J K T J F B Q M R G Z C D W O S O K F
I N D P Y O Q E U G S H C J R P S W D X
F E F X B E Q W W E N M S T C S T X O A
F W W K M E S R R N M L I N E K E R U E
D Q Z V R D Z G R K N I R T S U V J D L
A K V V X G T B D U S L N N H Q E L T N
M N D L S F N W C Z T A N R E W A Q S E
C B B E H W V X Y K L A P V R B A Y R I
M E X Z O I Q F M A M A R T I N O T V E
O W L L Q Q K P P S F Y Q H N R G N I Q
S V E I K F S S N S M G C Q G T K V R T
D A S J O D K I K M H R G S H X Y H I I
V I O U S O L L I N A E T J A D S S Z X
A U X M N K R J E R M A I N M N D T M H
K W B G I L Z E A N R V I U L K H Y B G
X A O A M Z A L L R T E D D Y L K G Y Z
M U Q R V C H I V E R S R O B M H R M B
A J G Y I R Y Y N Z L Y F N D I B P Z M
```

- ☐ Gary Lineker
- ☐ Jermain Defoe
- ☐ Teddy Sheringham
- ☐ Jurgen Klinsmann
- ☐ Steve Archibald
- ☐ Len Duquemin
- ☐ Alan Gilzean
- ☐ Martin Chivers
- ☐ Bobby Smith
- ☐ Jimmy Greaves

*Find each word separately (Example: Sol Campbell)

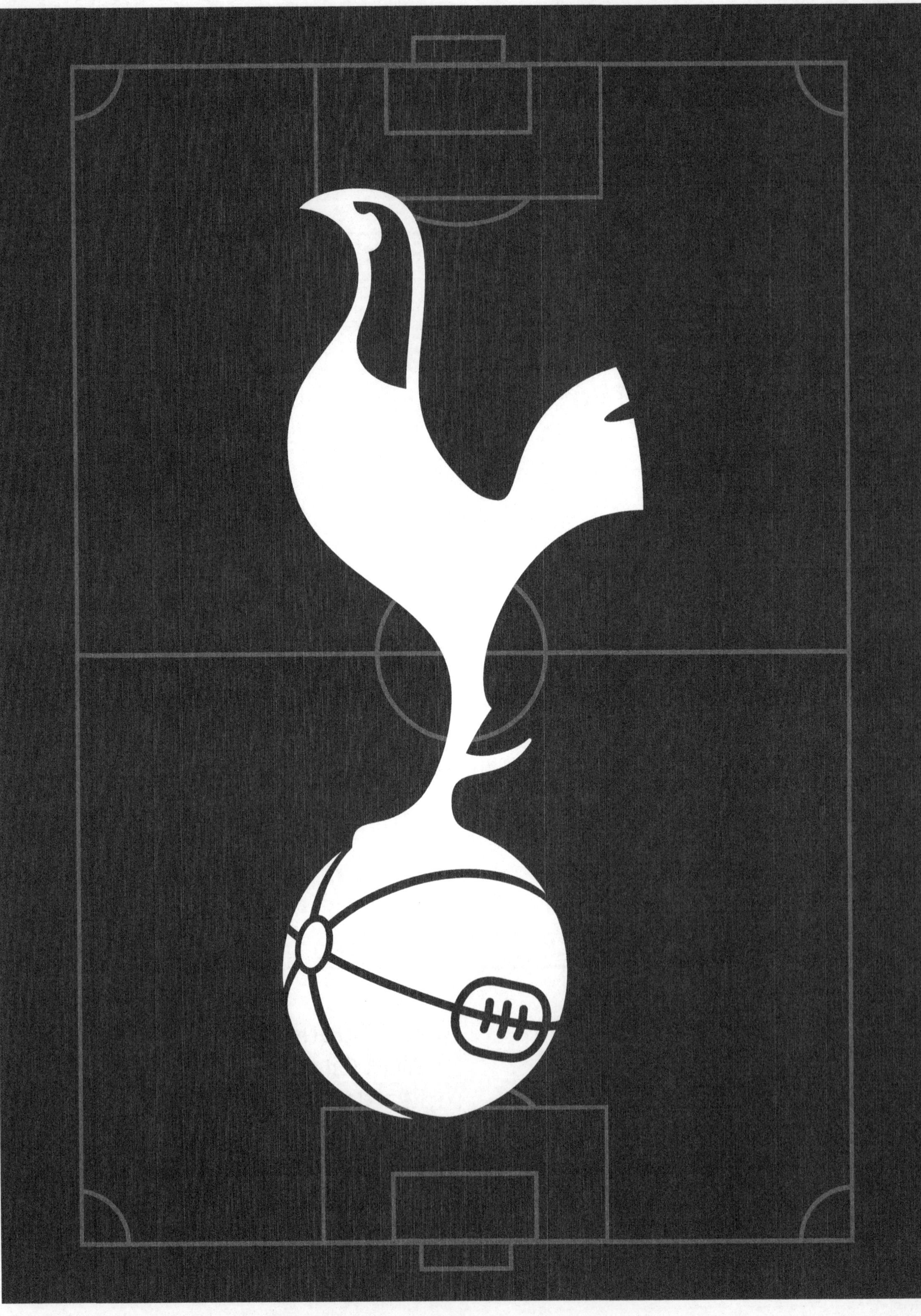

BEST PLAYERS EVER – 2

```
Q L V A N K N U R A X P M G G V P F P H
C S G P D T E B U G N B S U K D D U Q U
Z D G G P U H F I O L W J G G Y F G W U
G M Z K N W W S V C S U P U H Y L Z Z I
L Y S G U R S M N L Y X X W O N M E W T
T Y P K G W R H G O Y I M G G O I I D I
T T P W E K E J A E V W S G U T C P A F
G K W O M J D J S D O F Z R Q J H N W G
T L G X P N K R C A B A U O H D A O S X
A A D M T H E J O M M A W Y K M E E O F
N E A B H V J I I R W L E N K J L J N V
W K R B I R Q F G B M N N M C I T L O R
M P P H V H J E N N I N G S D J H C G O
S J C H B F W Z E T D R L R E L H M J O
V P H D N O F F R P X U A L L E N A C S
E Y Y V O B P A U L A L N O I I O U K S
N Y G Y Z G M L P P C P D U T K R R G I
F G T G A G T C N P E T E R S A M I K E
Y V G D D H B O L A B F A P D W A C V X
I I E H Z D Z C S T Y M A R K T N E S B
```

☐ Paul Gascoigne
☐ Paul Allen
☐ Pat Jennings
☐ Ossie Ardiles
☐ Mike England
☐ Michael Dawson
☐ Maurice Norman
☐ Martin Peters
☐ Martin Chivers
☐ Mark Falco

*Find each word separately (Example: Sol Campbell)

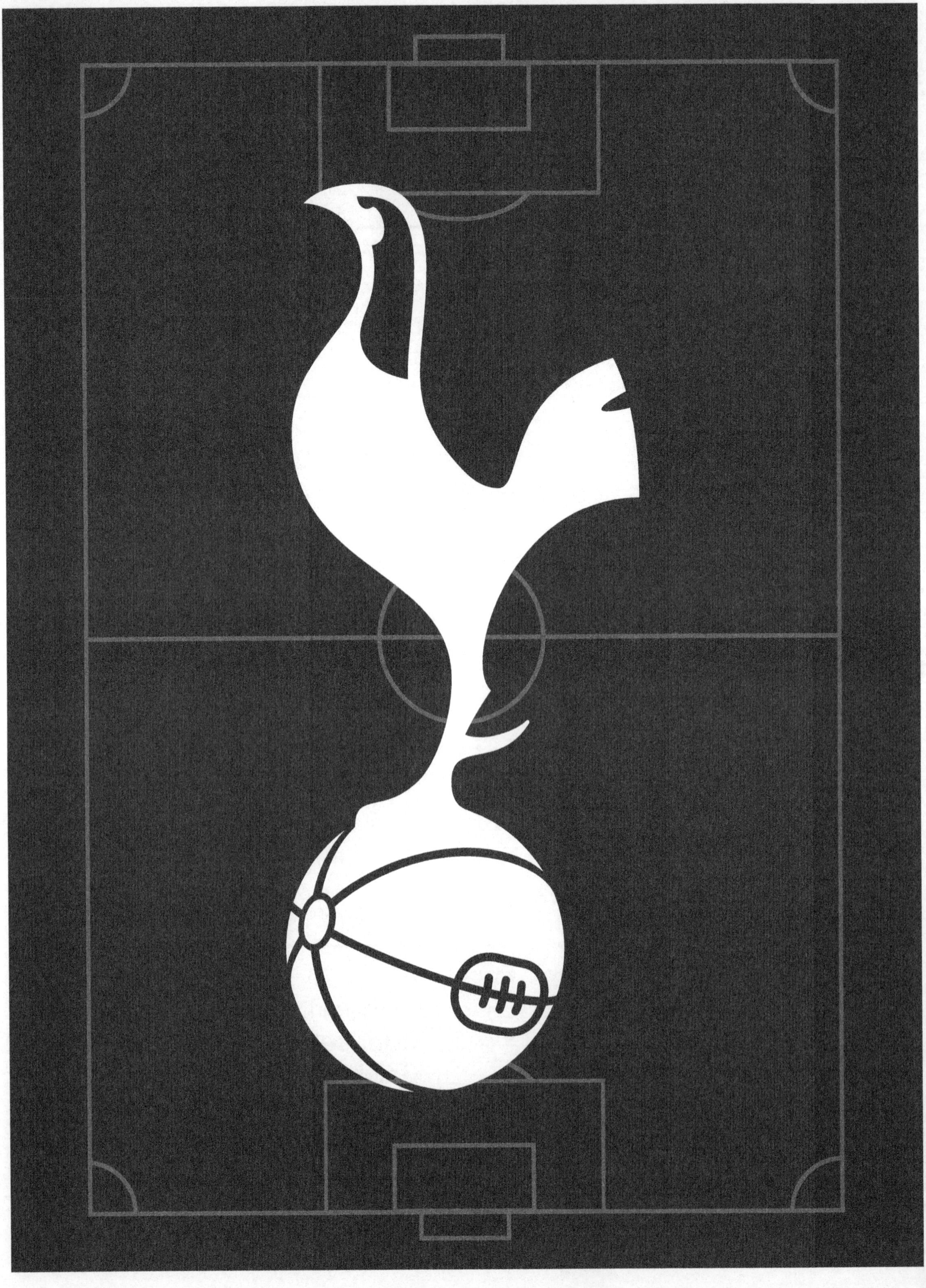

GREATEST TOTTENHAM STRIKERS EVER - 2

```
V T X B B T S U M I M S M B F C O V W H
A Q Q G E W Z O G S M L A P Y A K X A S
V J S D I L Y R X C J U S T R C F D L Q
X F U D N U V A R W D E S B K Q C A L Y
I N H V G F B M X X U S J L E S N S E X
T A N A F E I M L G U T Y I A L L E N R
E P S S T R V V Q Z S Q P S N W E A A H
I J K G Y P P Z T D E V K S E A C S K I
O G T F A Q T B B X J N I P O N L M L D
X L I R S P R Z S T Z P N O U A I L Q P
J C J D V H R O R P J F C D B F V C R E
O S J G D C Z E B A X L O E G I E R E N
A M T Y Y I B E R B A T O V M F I Q W G
V Y L R J W M E A F I V B U S R E O P J
F U Y O N Z A I N A L E W K F P M E S R
I J T H K W R D T N G E O R G E B L X U
J H O U W C C T J A E O H E I P H L J B
W J G N K C G C G A R T H X S I E S K Y
U S M T I T X E F C S D T I C V H H W D
J X A R N Q S Y E V X Q Y S K I K N M V
```

☐ John Duncan
☐ Marc Falco
☐ Bert Bliss
☐ Garth Crooks
☐ Les Bennett
☐ George Hunt
☐ Dimitar Berbatov
☐ Clive Allen
☐ Robbie Keane
☐ Les Allen

*Find each word separately (Example: Sol Campbell)

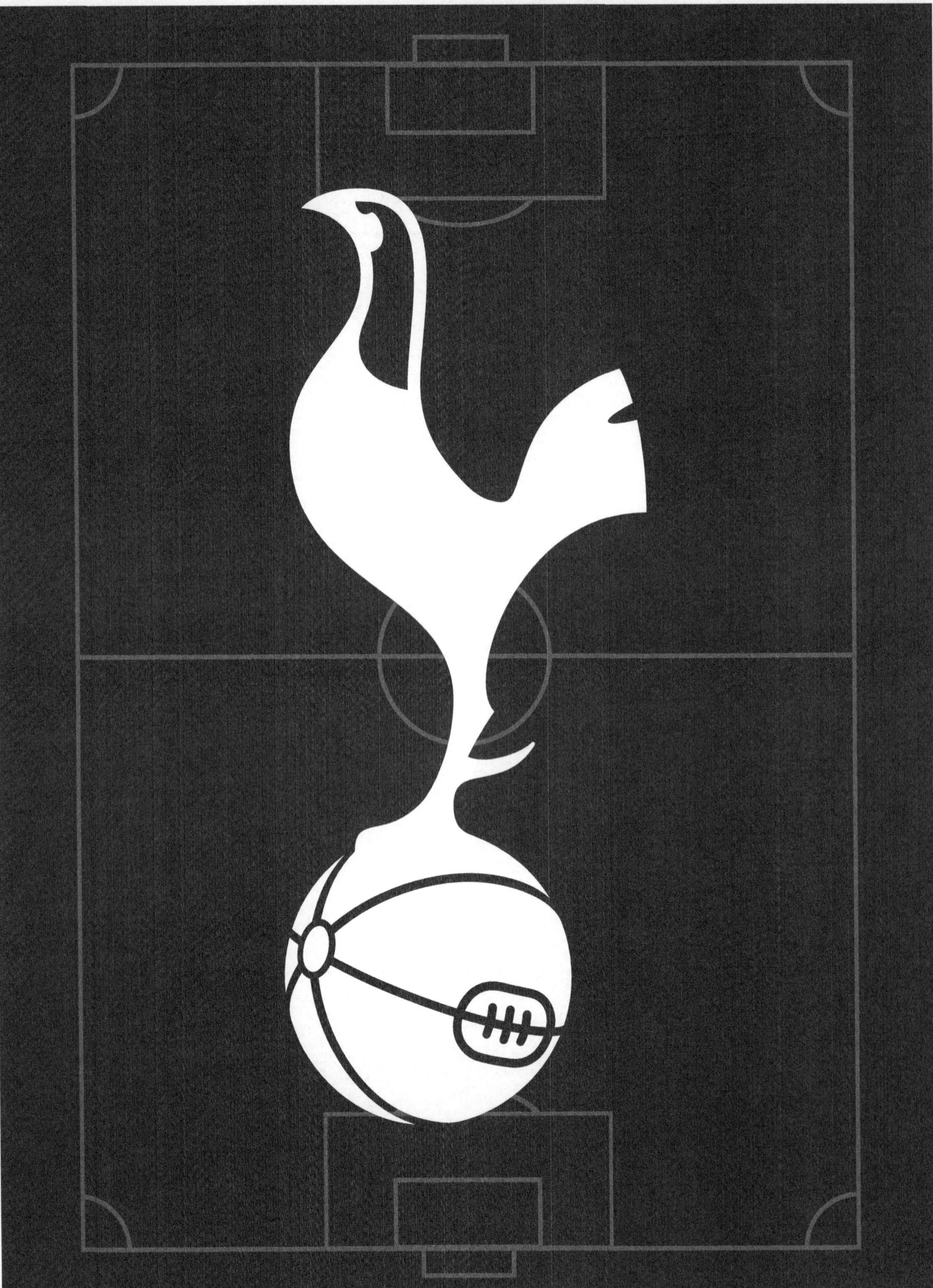

TOP TOTTENHAM GOALKEEPERS

```
M Y M G Z Q T K G U U J K I T R T O W V
J X K W Q W W X T W D Y S I L O A Y Y R
T D H V H J B E O P C Q X U W E J P O Q
Q C U V Q K R W R C U T A S V X J D S B
B C M O S H I R G G P P B N Y Y E Y M I
H I O Z H R L Q M K C A U A V K N V A A
T M I O L D B K M N Z T R O B I N S O N
D L U D D V G K M I E K J K P M I Z E Q
N M H L F I A P K B G O M E S D N G E M
T R H E S G Y Y P Z I R C O B R G Y Y Y
E X T W Z A S S F L C N O L U F S G F D
R Q S A H H H X S O E X H B C D N O T Z
Q L C L Z J K M T M Z P H Z E W G D J N
J S C K N X K G E Q Q C E T O N Y W Z B
L D H E U R E L H O T H O R S T V E D T
K P Q R R D C X Z I C G B W I T F X S S
H A U I A N O Z D A W O I K U K M C K I
A P O Z I O Z M O H L G L U R M N Y I W
E T L P W P Q U O M E Q L E M K E H E S
Z L U V M G C T F F C W W D G F P P A S
```

☐ Heurelho Gomes ☐ Ray Clemence
☐ Ian Walker ☐ Bill Brown
☐ Tony Parks ☐ Ted Ditchburn
☐ Paul Robinson ☐ Pat Jennings
☐ Erik Thorstvedt

*Find each word separately (Example: Sol Campbell)

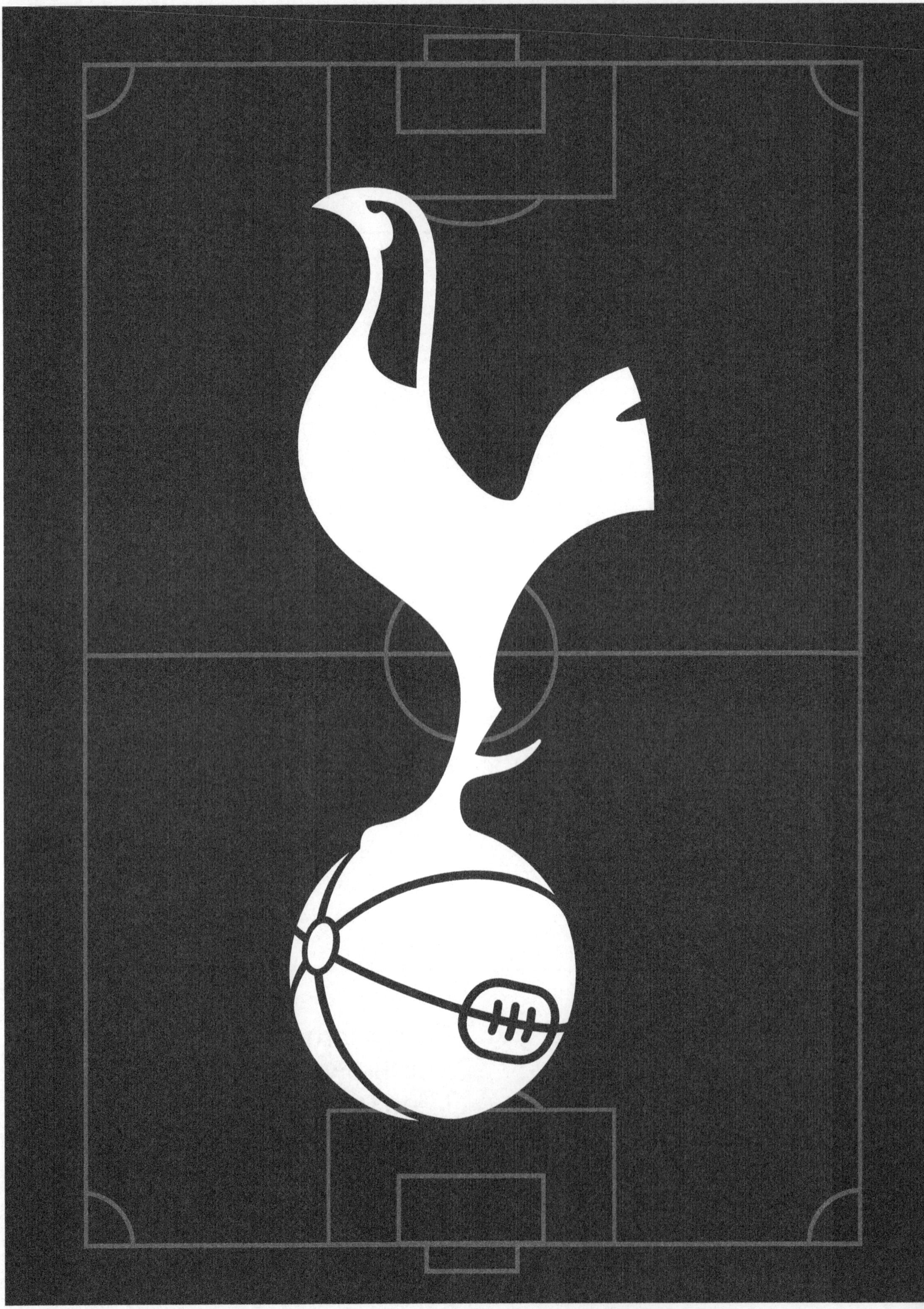

MOST EXPENSIVE TOTTENHAM SIGNINGS OF ALL TIME

```
P Z K C P Y X E E E A J E D F C K X I K
B G J V I H B I F Y J C R I S T I A N B
S D K S I T A L F D C L N K C O Z O A X
K Y O Z R K W I P P U A I W D E O Z G U
Z Q B S M U Q W X E V M X A H D Z S T G
E Y G R O B E R T O J E D C K O K H H B
D T Z S O E R E I W P L N D R X Z E X E
Y C T F Y R F G P W O A A A E B N S P S W
K O I T R G R J B S S R M K E D I N S H
J P V G I W A A C L E O I H M O U S S A
Q C I W C I N W Y R R R W B K M L Z F O
P G M O H J D G Y K E S G O F B X O F G
F U R P A N Q L C Y G Y S I G E S K V V
E S M M R M H H E A U S G A O L N M Z E
J F K D L Y H P T G I W E M E E U O C Q
I D A V I N S O N S L W R C S Y O L Y F
Y P B F S Y U A E C O R O G T S W H W N
O Z P H O S T E V E N L Z M T C K Y D V
T A Q X N H E E I G J U C A J D I I X L
O V E K O V Q G L W Y V Z Q I I R P V L
```

☐ Erik Lamela
☐ Sergio Reguilon
☐ Roberto Soldado
☐ Steven Bergwijn
☐ Giovani Lo Celso
☐ Moussa Sissoko
☐ Davinson Sanchez
☐ Cristian Romero
☐ Richarlison
☐ Tanguy Ndombele

*Find each word separately (Example: Sol Campbell)

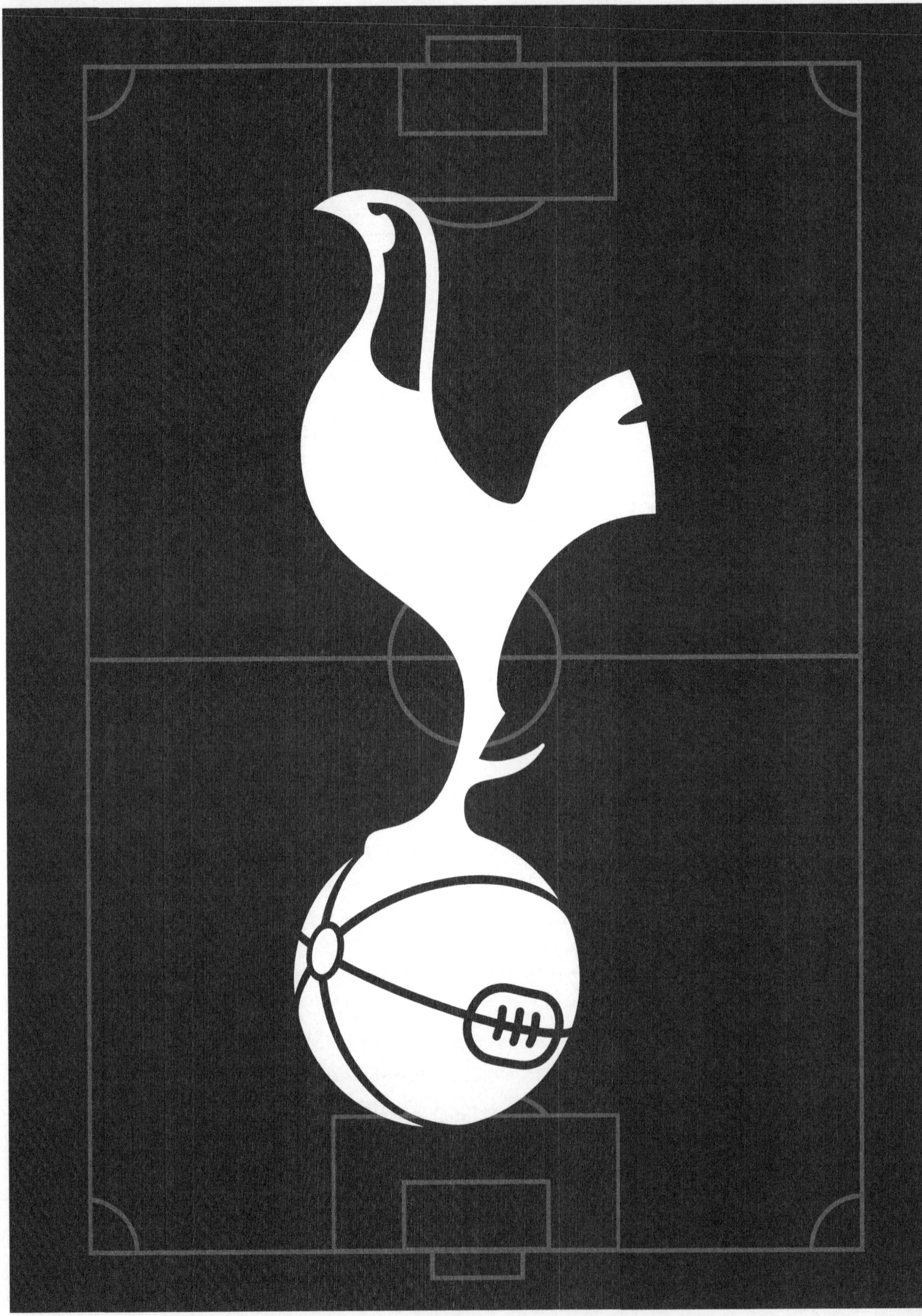

BEST PLAYERS EVER - 3

```
M Z Q D K F V X G H H A R M M S I W P L
T B W A X T D L X D L G R V T R M K K C
B E X P Q M E Q O C O O K U O L C P G Q
B K Z D W B I W T V G X L M J P E H K L
P N W V P X V X G I P W E T A R E T S P
D H W T W Q C X L Y G V F V B N N E O Z
H U N T F L Q K F J T S M R L K O U H H
Q O D Z Y U Y A M H B T R J N R N E A F
T J D R R M K M N M X K L N T N W H K N
U W K D A U E P E H Y J A J M S J A Y M
K F V H L E S K Q P E M P M B K M S J T
F G A M E E W H W X S Q U V P O C S U I
D R B U D N K H C N M H D R L Z X E R S
G E U R L N U I I U S G P D Z K N J G C
I A L L E N R L S T O P G I X H B O E O
S V R O Y D K A R A E L P O A J H H N Y
S E Y Y O A D E C U I M S Z B K I N G J
Z S H M A B B U T T D O O C F R E M A X
Q F Y Z T O T U Z P Z D P K K L R K M N
L G E O R G E A K P B N J P G T W W B Y
```

☐ Luka Modric
☐ Les Allen
☐ Ledley King
☐ Jurgen Klinsmann
☐ John White
☐ Jimmy Greaves
☐ Graham Roberts
☐ Glenn Hoddle
☐ George Hunt
☐ Gary Mabbutt

*Find each word separately (Example: Sol Campbell)

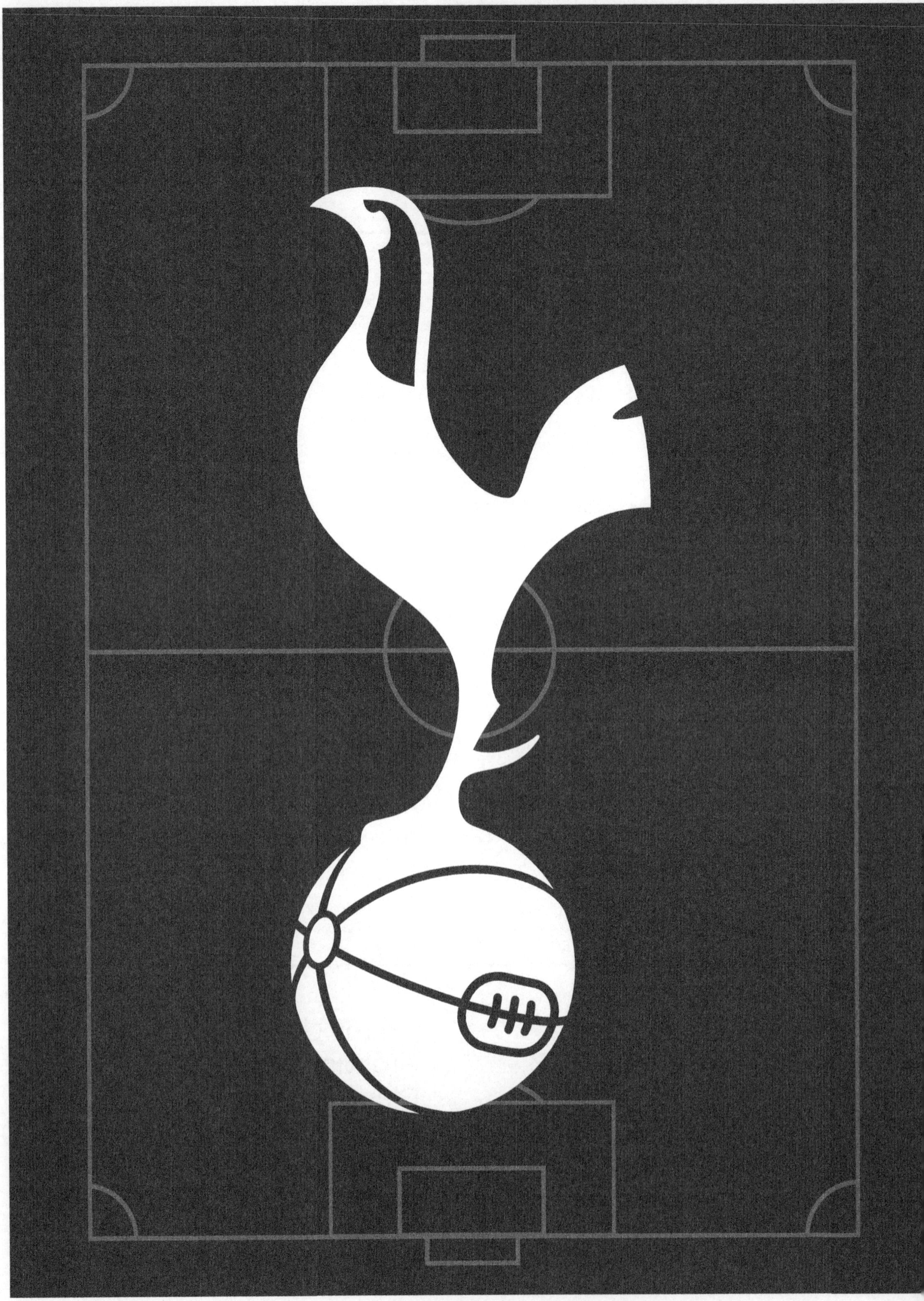

BEST PLAYERS EVER - 4

```
T V Y S E L H A G H G A N T S J K X B D
G L C V D R M R D A V E D R F J D T A C
O D I N D V G K I A Y E Y D O K S I I R
I C L N I R N X M I V G Y B J H P U L B
Q C N D E M J F I W C I Z Y Z G A R Y I
Z H G T J K M B T I D Y D L G I E F X O
T X D J K X E E A N D E R T O N M L X O
V H D F I S O R R L Y A H C R O O K S R
U P Y D L X D B S R E G Z H G L M Q C F
V P O K M T V A G A R T H J M A C K A Y
E N E F Y P H T N S I S F F Q X R Y H F
G Z A U U Q P O O N K V M D A R R E N C
D W Y K P U W V R L Y L K Y F Z C Y T O
U B W T E X Q J O S K S A S P Y J T V H
M W T V P V B N W U T H U B R V C V M Z
S Y F G P V F C V S V V M P L D Q C V Y
M A B L A N C H F L O W E R S Q B W B U
J A E Q T L J B X G Q D Z D K T G U A H
R I X B T H W A Y A H E J N T A V B Q C
B A F K F J M R Z B H M W A O K M L Z L
```

☐ Gary Lineker
☐ Garth Crooks
☐ Gareth Bale
☐ Erik Thorstvedt
☐ Eddie Baily

☐ Dimitar Berbatov
☐ David Ginola
☐ Dave Mackay
☐ Darren Anderton
☐ Danny Blanchflower

*Find each word separately (Example: Sol Campbell)

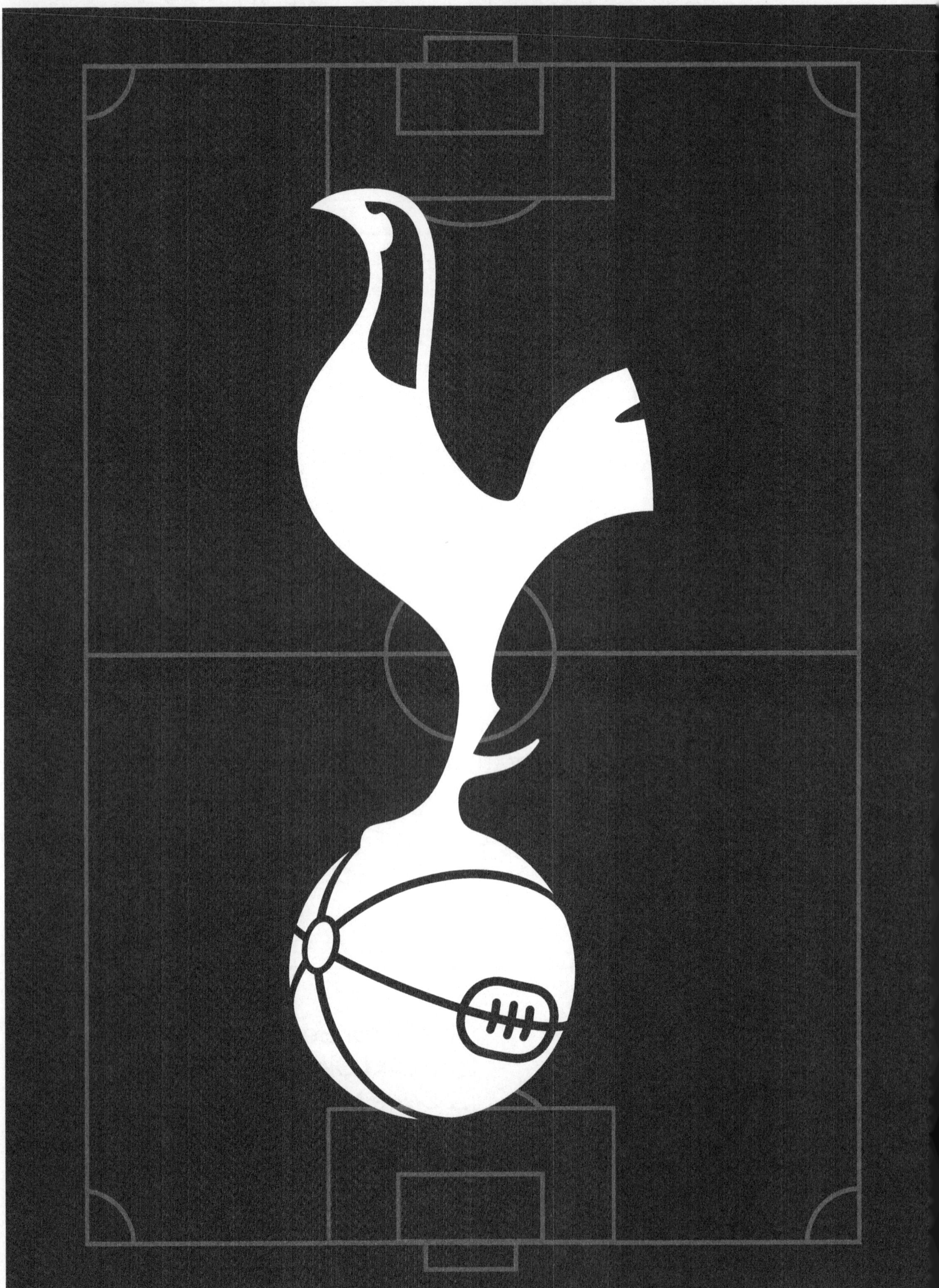

BEST PLAYERS EVER - 5

H	H	T	X	N	I	V	J	E	A	R	B	F	O	K	K	M	F	B	F
B	W	V	Y	F	L	R	F	C	I	J	F	U	T	T	M	R	R	Y	H
R	A	R	Z	Z	Z	F	Z	K	Y	T	B	O	L	R	W	L	E	L	U
S	B	R	P	G	V	R	L	G	M	U	X	S	V	S	X	S	K	E	J
W	W	Z	A	M	G	H	J	G	U	T	C	W	H	B	M	X	Z	H	F
A	L	L	D	I	N	Y	M	Q	C	H	R	I	S	A	U	I	A	U	B
G	R	B	M	M	P	P	V	R	L	L	P	K	R	A	L	F	T	G	H
X	O	W	R	B	O	B	B	Y	I	E	Q	M	W	V	L	W	R	H	K
T	Y	S	N	N	I	L	C	R	F	Z	Q	H	H	A	E	A	D	T	S
P	J	S	L	B	I	L	Y	H	F	Q	P	D	N	O	R	L	N	O	W
T	W	D	D	G	K	C	L	I	V	E	S	Z	Q	T	Y	O	W	N	B
K	P	P	U	A	P	H	H	O	A	E	S	Z	O	G	U	L	T	O	B
U	P	K	D	C	O	R	I	O	L	L	D	M	B	P	E	B	W	V
G	W	J	R	R	B	I	V	W	L	C	A	X	A	T	X	F	Q	J	S
M	I	V	Y	J	V	S	O	D	E	S	D	N	S	Z	V	H	L	H	X
O	Y	L	O	O	X	N	S	L	N	K	O	Y	B	C	X	Z	Z	N	N
D	I	R	Z	N	K	D	D	M	D	K	P	N	U	G	G	T	R	D	J
V	J	P	N	E	F	D	J	B	F	A	M	F	K	Q	J	Y	Y	V	Q
Q	P	Q	D	S	A	E	Y	D	M	Z	E	H	R	Z	T	U	R	G	N
J	M	H	D	W	B	N	D	R	Q	H	S	T	F	V	H	K	C	A	O

☐ Cyril Knowles ☐ Bobby Smith
☐ Clive Allen ☐ Bill Nicholson
☐ Cliff Jones ☐ Alf Ramsey
☐ Chris Waddle ☐ Alan Mullery
☐ Chris Hughton ☐ Alan Gilzean

*Find each word separately (Example: Sol Campbell)

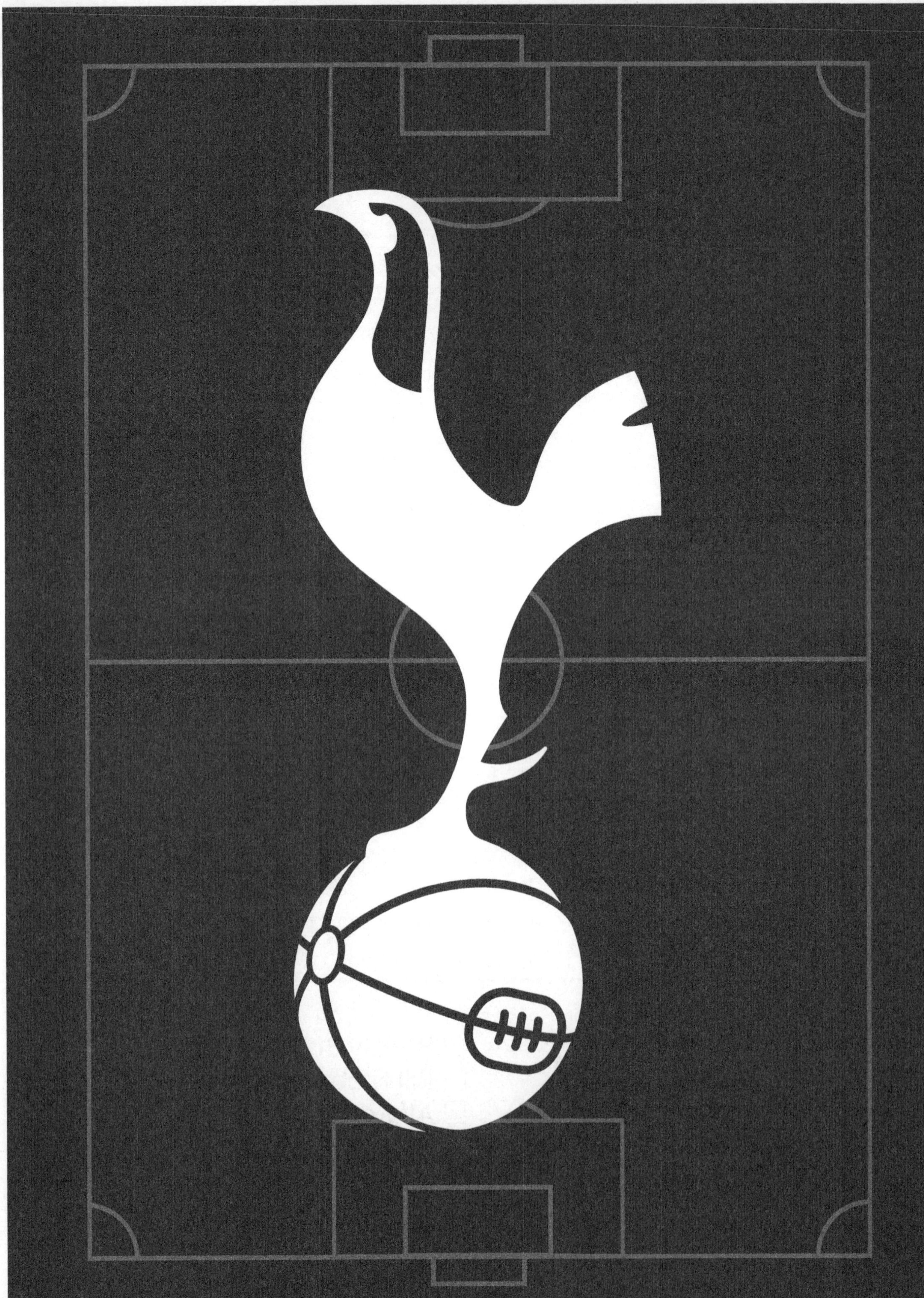

BEST TOTTENHAM ACADEMY GRADUATES

```
T N N G G Q S S A O U H W R U E N N T I
G O W A W A E V D P Z Z I J N P E T E R
A Z L G A H N K U R Y A N A W H S I Q T
F K G T N A Y A R D V N K K P K U R W N
J L C A I R T T A O J B S E Q K S W Q Y
X C U M U R K I F G P H T W F M A L J N
G N H F R Y Q A N M K S T E V E N R K M
I Q Z A H E P I M A S O N N R W K T Y C
X L C A U L K E R L X L E D L E Y U B I
P G R A W L J I S H C I I B C A V W Y I
P A O X M N U N D N O E I V E P P Y Q P
B X U B U P N X W X F P O J E Q R Y H A
M C C I U E B V U T S Y U D J R C M S L
M Z H Y U D V E R D Z H F Y A U M W Q X
H S N H V L G C L I B P C H T N D O C V
X E Y I F I H Q Q L E N P W A L K E R U
Y B E F C K Z L P B T W M C G O K M D E
C C W S R P B J F Q E G S M N D N Y O K
T D K I D F L S G A C G S J N R C J N P
A B T V K V A J Z Z S P W B K Y S O P L
```

☐ Steven Caulker
☐ Ryan Mason
☐ Peter Crouch
☐ Jake Livermore
☐ Ian Walker
☐ Harry Winks
☐ Stephen Carr
☐ Sol Campbell
☐ Ledley King
☐ Harry Kane

*Find each word separately (Example: Sol Campbell)

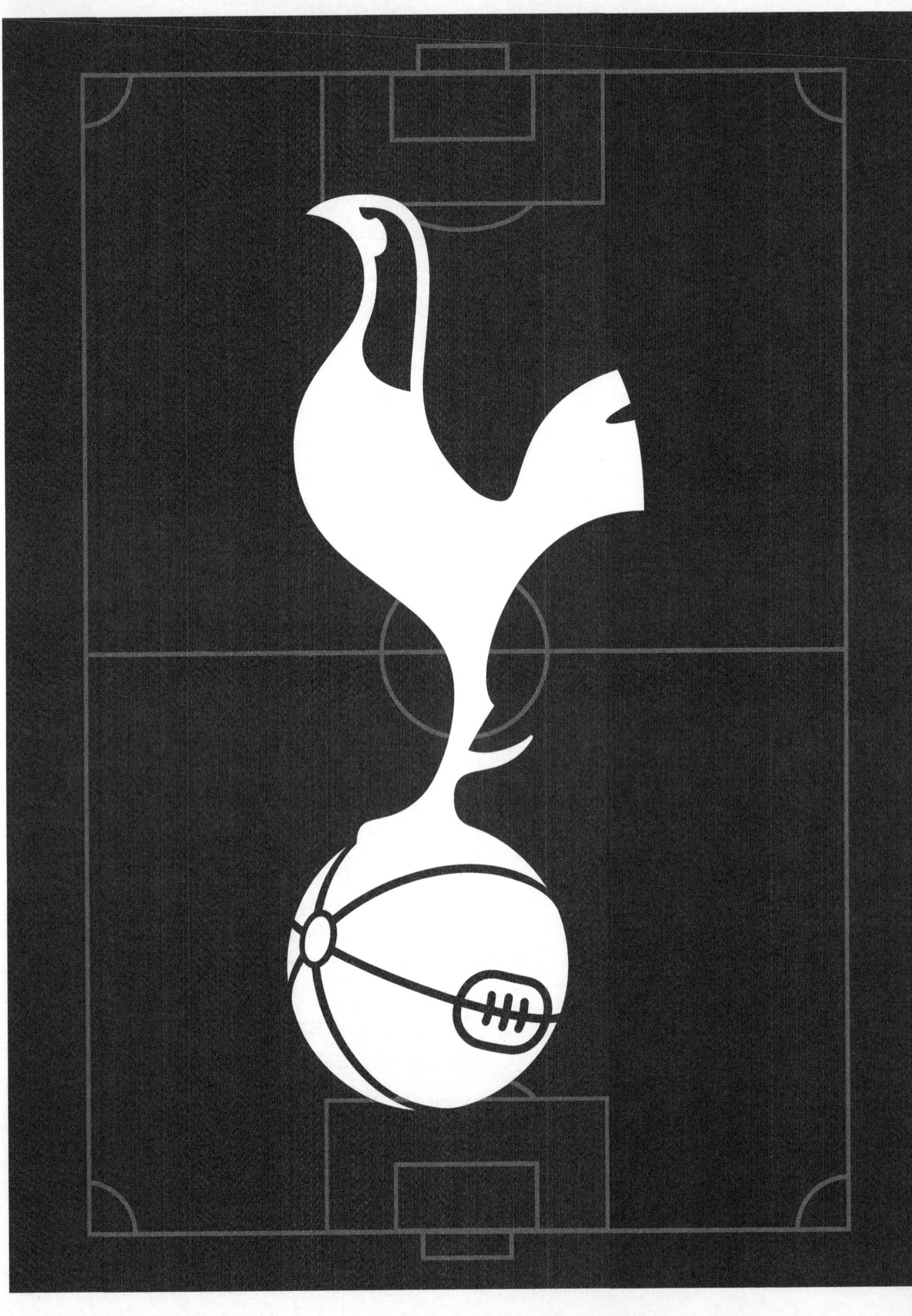

TOTTENHAM TOP SCORERS - 1

A	W	P	P	J	E	L	L	G	L	B	I	J	P	H	R	Z	O	L	H
S	E	O	V	S	E	A	U	E	I	Y	Z	F	L	O	T	O	Y	X	N
N	Q	W	I	L	R	D	J	M	G	E	T	S	O	V	C	E	R	V	H
T	X	F	E	Q	C	I	E	M	L	V	W	U	W	S	S	B	A	Y	Q
V	W	D	E	O	Y	V	R	A	B	Q	J	D	C	H	W	X	H	E	A
H	I	Z	U	A	Z	V	M	N	H	L	I	B	Z	N	U	E	N	W	Z
E	P	J	H	I	P	L	A	U	Y	I	S	P	Y	Z	L	N	A	T	P
Q	B	V	E	J	G	M	I	E	N	A	R	W	J	Y	B	T	A	X	C
P	R	A	A	K	I	B	N	L	R	C	S	N	J	D	E	F	O	E	P
M	M	B	P	W	U	A	D	B	A	G	C	U	G	A	R	E	T	H	U
P	U	B	Y	U	K	E	A	N	E	V	X	B	I	X	B	I	T	O	G
S	T	N	G	O	I	Z	E	V	A	N	D	E	R	V	A	A	R	T	K
F	K	I	I	B	W	P	O	Y	E	T	T	F	T	C	T	E	D	D	Y
J	P	F	B	F	V	O	A	R	S	I	W	O	P	H	O	H	O	D	Y
H	A	O	Q	C	K	M	R	A	N	V	V	Q	R	E	V	P	R	R	Q
L	R	Y	R	H	F	A	D	E	B	A	Y	O	R	A	O	T	R	O	J
L	E	T	U	Y	D	T	I	M	I	T	A	R	R	J	X	F	A	D	R	G
A	I	G	D	J	P	J	B	S	H	E	R	I	N	G	H	A	M	J	P
Q	Z	I	B	W	Y	X	U	Z	B	Z	J	T	R	F	Y	Q	E	S	B
W	L	S	B	Y	K	G	Q	D	R	O	X	P	F	S	E	B	A	L	E

- ☐ Harry Kane
- ☐ Emmanuel Adebayor
- ☐ Gareth Bale
- ☐ Rafael van der Vaart
- ☐ Jermain Defoe
- ☐ Darren Bent
- ☐ Dimitar Berbatov
- ☐ Robbie Keane
- ☐ Teddy Sheringham
- ☐ Gustavo Poyet

*Find each word separately (Example: Sol Campbell)

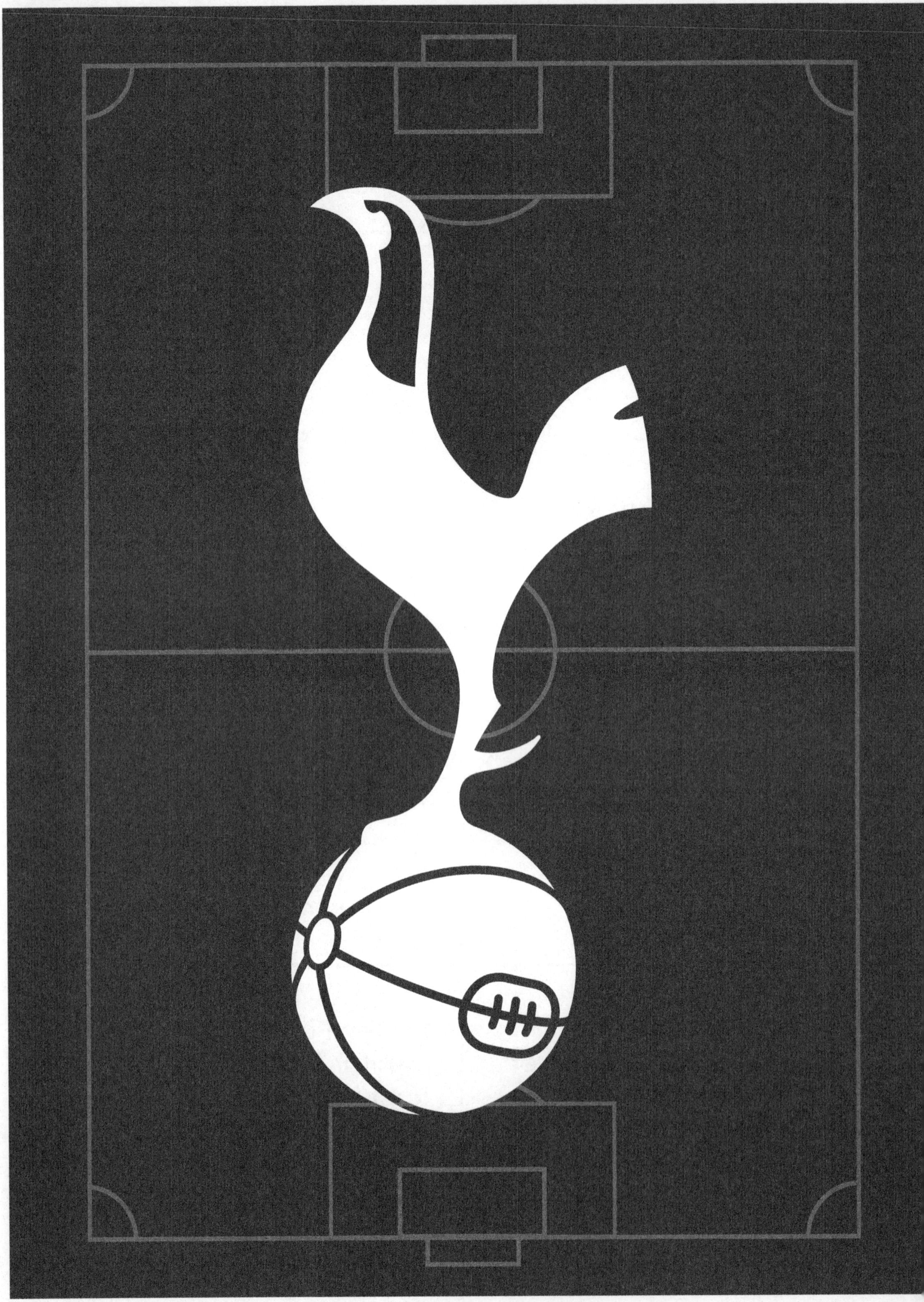

TOTTENHAM TOP SCORERS - 2

```
D I Q H Q X R K X X R Q X I E A G P S K
L I T R D H Q D X B M N F O M L I A E X
M X J G Z A V F Z M Z Q L K F I N U R R
D Y Ü X R O X T D A B Z D T V A O L H Y
F X R R R J E E A W H U K K D U L F I S
D R G B F T P K I O D H W P S G A C I U
A L E V H W H J T I O H G G F A I R O V
W R N E N H U Y V I Y W K U K S H D L W
J K C N O L G A K V L N O D T C L I V E
A Q W H W A D D L E K Y N H A O O M J U
P V T V I P L M A R K M M D L I X X F X
T R U B L B K R R S Y D A Y L G I A Z V
W W X J Z P A E Y E T R K U E N A A B Z
V C K Z R G K L I N S M A N N E T F S D
C S V L V E U M D P L R P E H A N G T H
V Y C R N Q K R W D E W F X A I O D E Q
T H H I T M Y W X F P F I M S V P E V R
V I L Q O M S A Z H E Q Y O O C C M E Q
G F Z N I Z F T L T U I K L J H T J M F
M C H P G U F H S Y J Q M G Z C O J F D
```

☐ Serhii Rebrov
☐ Steffen Iversen
☐ Jürgen Klinsmann
☐ David Ginola
☐ Gary Lineker
☐ Paul Gascoigne
☐ Chris Waddle
☐ Clive Allen
☐ Mark Falco
☐ Steve Archibald

*Find each word separately (Example: Sol Campbell)

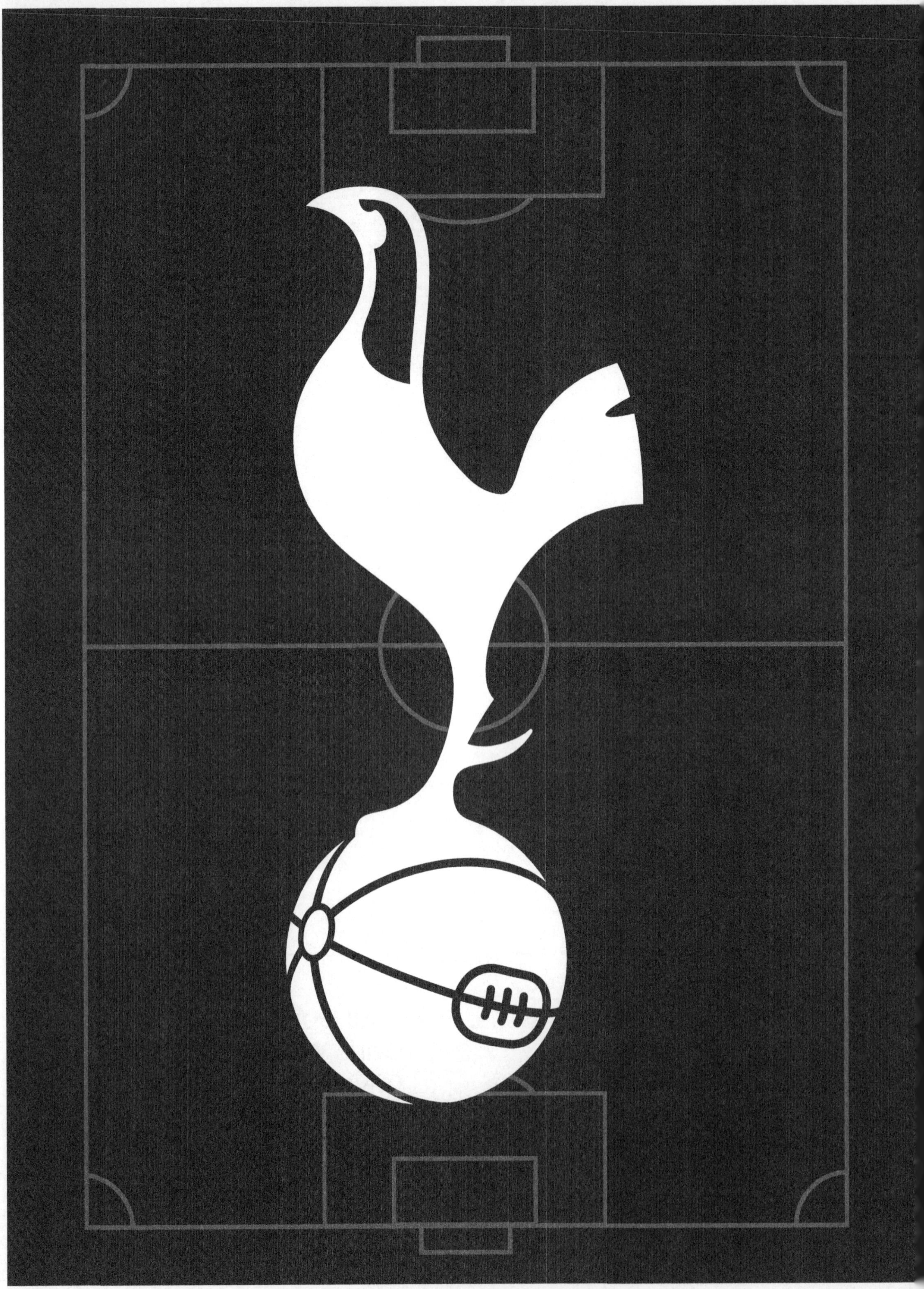

MOST EXPENSIVE TOTTENHAM SIGNINGS OF ALL TIME

☐ David Bentley
☐ Luka Modric
☐ Darren Bent
☐ Serge Aurier
☐ Emerson Royal

☐ Bryan Gil
☐ Ryan Sessegnon
☐ Lucas Moura
☐ Yves Bissouma
☐ Heung-min Son

*Find each word separately (Example: Sol Campbell)

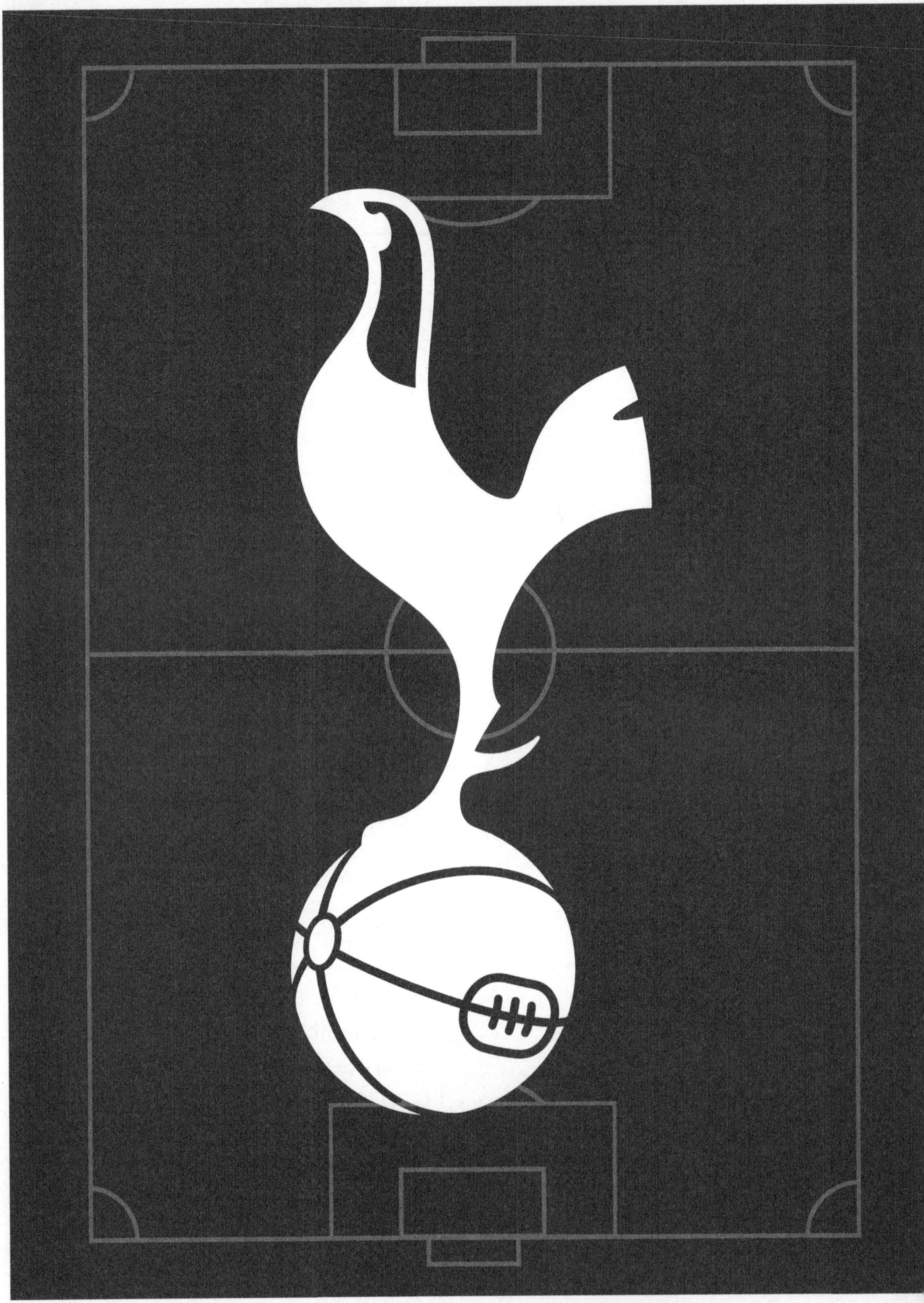

CAREER APPEARANCES

(16)

```
F I T U Y D B F K I I B G G M I P L O A
R Z I B G D G N N H Q R R Q K P Y C B N
S K R Y T I Q R I X Z V U N S P Q X I D
G N R R P N X T R R K V Q O G O S M S E
D Z A O T P L Y Q O L V E Z B U G S O R
R P K B V D A Z R Z H M G K I N G F N T
L P G V O P P I N X F T Z Y U M E X N O
S I B Y W Q E R M I V A P E C D Q D M N
K D W P I K M E A K D R H E G A R Y H V
F O B D G Z K I B O Y B E G T W P T L G
B G P U P I E I B V W O S Z A S J M Q M
N Y J E B B P H U G O L E N N O N J Y X
N E D S P Q S A T L C M B G K N Y E T Z
Y D O U V Z B R T U U I D D O G L R N W
W F N F S U Z R E C H C X R A D N M X H
G F N T Z L B Y N H T H A X E M E A K I
P M K F O F V S F F Z A R L L O R I S Z
U A G W V L E M K A N E O X P M I N N L
V R F L U I P V M U I L M U Z R C L N A
H U A R A G K X M D A R R E N H X U S X
```

☐ Hugo Lloris
☐ Harry Kane
☐ Gary Mabbutt
☐ Heung-min Son
☐ Aaron Lennon

☐ Jermain Defoe
☐ Eric Dier
☐ Darren Anderton
☐ Ledley King
☐ Michael Dawson

*Find each word separately (Example: Sol Campbell)

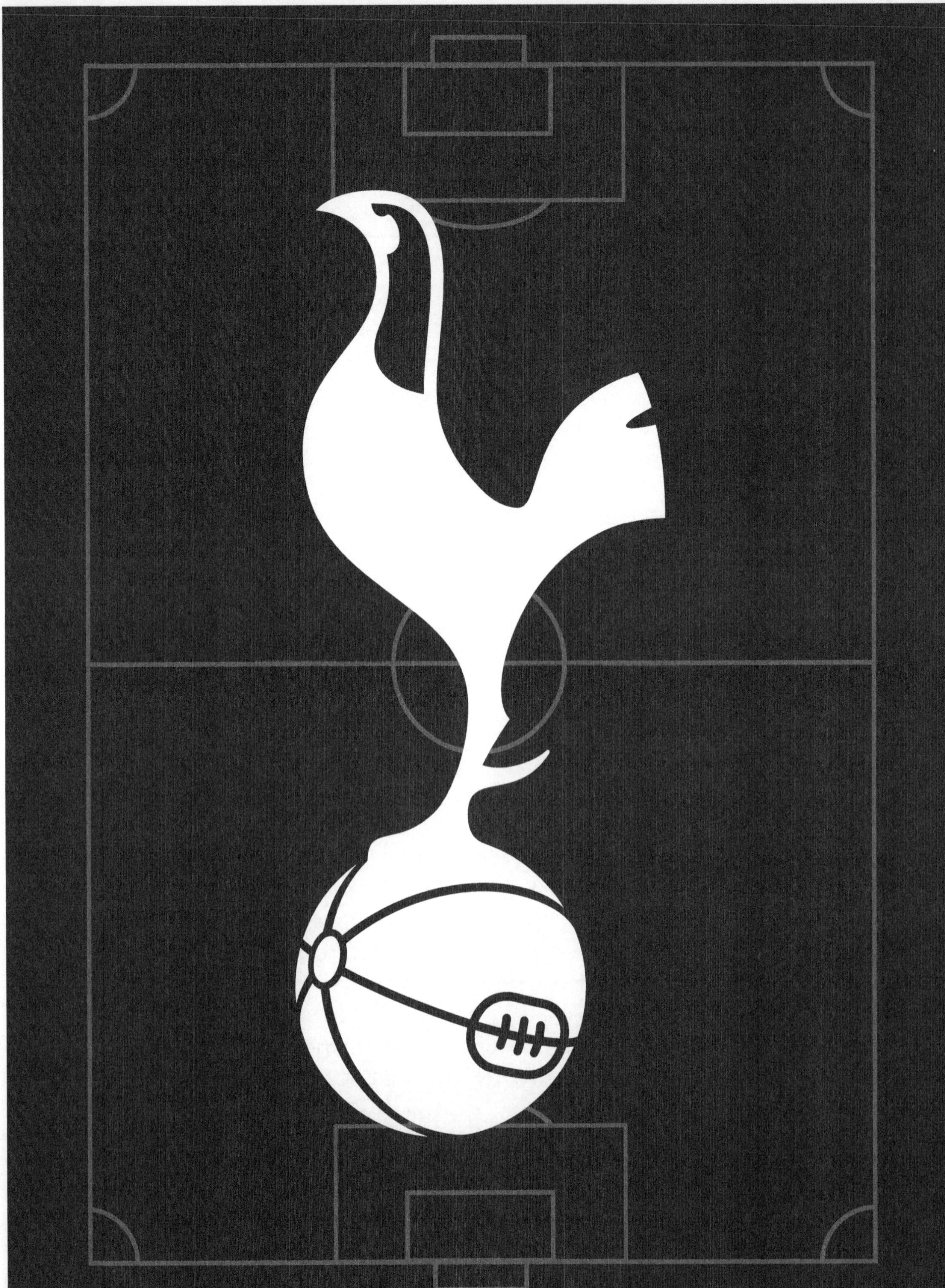

TOTTENHAM TOP 5 BIGGEST RIVALS

```
F X O O S J S N V R E B M H Y L L Q T W
B T C F D D Y N Y W U A A T Z I A I I L
M P R M J N V V U L I X N B N R R U A X
D R K K U W U Q B R K C C H E L S E A Y
Q C A D E E O J O J I J H M E A E U H I
Y Y K E R A C V U S T M E E K R N M S V
B J N P M M O O I C B H S S T V A T I L
D O L L Z A B I J W E S T H A M L W Q C
F Y R A L F N T Y V J M E W Q J X A N C
Y X S V Y O Y C H K B H R E F P Y L C E
J H G O C V M C H R R V U B C A V H Y S
K J Z D B E V R Q E R D N X Y E G T Q F
W K V W I V X H L I S Z I G I Y R F B S
E G G B S K F V Z T T T T R V I K P L N
X N A E F U T M S J I E E F S C N P J Z
U R K R N V D O U N Q W D R S N D I N R
Z A M I F S V M V O A O H S C A Q Q W M
V N I C G Y Z B N Q Q C K O W I P I N L
L S W A A P N F X W C W H V R T E R Y
F J F Q H W E L P Z L D R D F K U Y Z M
```

☐ Manchester City
☐ Manchester United
☐ West Ham
☐ Chelsea
☐ Arsenal

*Find each word separately (Example: Sol Campbell)

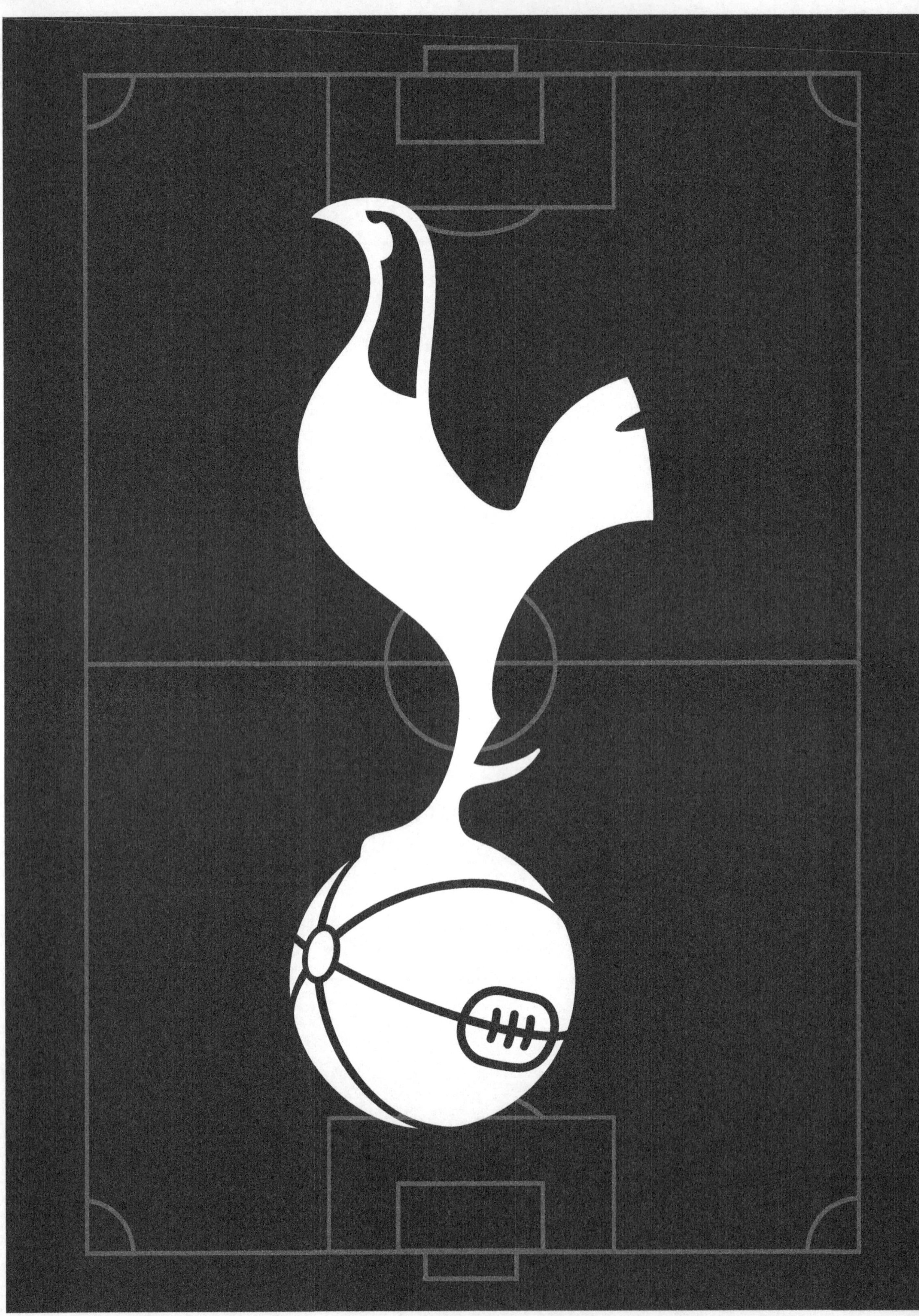

TOTTENHAM SHIRT SPONSORS

```
M B S M Q A W J D U A U N H Y X T K T N
S I N L O V E Y K S P J Z L G F O G A G
T J J U U N M C Y I O O H A X E P S E O
G Y V V Y Y O A K B I H B J Q T E A E J
N T Y L H M D Q N K D P L V V N B Z Z B
L X K K O I G J M S T B M E Q A G T E L
J Q V I L M I F O U I Z Y F M U T A J Q
R S C O S U Y H J L R O L D F T N I S R
K E H K T E Q P C S C I N C H O W Q G K
H H H L E U Z O A B O R L C I N A L X V
X B I H N Q G O C P R P F Z O O U I C Q
K Y I B Z D K D S K P N T R P M R T A T
C S T U F Q N I P D O T E S V Y A P A M
K R T C H M T K T J R Y T W P Y S I V N
N G I K T L Z L V K A F L W V N M H G Y
A Q V F Z H E W L E T T P A C K A R D J
M H O O T O V W X I I C T E A Y I D W Q
J E H M C G P J Z I O E R H G Y Y L W K
R H P J T H O M S O N O O T T D G Z S M
Z P Q E E U M I D F V N S Q V N F B N L
```

- ☐ Holsten
- ☐ Hewlett-Packard
- ☐ Thomson Holidays
- ☐ Mansion.com
- ☐ Autonomy Corporation
- ☐ Aurasma
- ☐ AIA
- ☐ Cinch

*Find each word separately (Example: Sol Campbell)

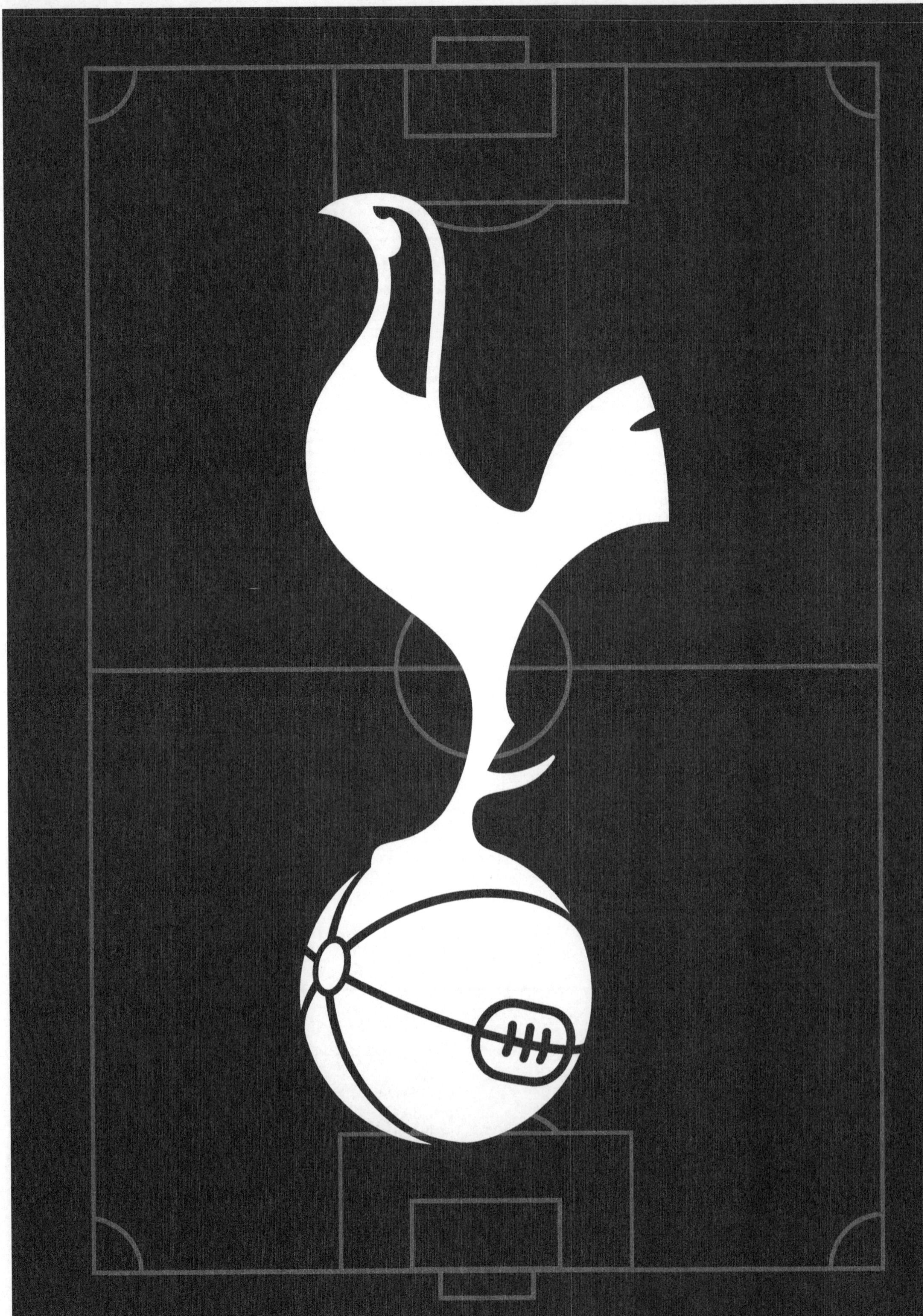

TOTTENHAM'S DEFENDERS ON THEIR BALL-PLAYING ABILITY

```
L R M N N L H Z R X E I K E E V L X D D
T R Y N F S L T U N I Z L H P K Y L E U
A G T M G L T E J O L W I M M E R G H A
O K B Z T T T Y H V A A O D J V F O E P
E W D P K V E E Q W I L X U A I D R S G
E L U Y Y Y L N W B B K Z Y N N M S F E
P O E R I R W E J G K E D L E V N O Y V
Q O V C L F R A G L P R T H I K C Y U F
F E D C I F Z L A X N P G P P I S N I B
A C G I J Q Q D U K X N Y F R E T X N K
D A G Z J N T E V P O Q H E N R W Q Z S
C N S G O W V R N T N I D Y H A B U E Q
B E L D R H I W R S N E T I K N N T T J
D Y T Y A F D E F F F H R O W E G F S M
B O M U V V V I L R A M I R B F H L T V
E Y D D C E I R J J Z E P J V Y R Z L T
H E M O W R Y E W P I X P H S R G N Q T
J K A J S D C L S N O C I R K C Y D M F
S J B V X X D D F B O G E U M S D Q T C
I P K K P B J B U Z O U R Q U V M Z W M
```

☐ Federico Fazio
☐ Kevin Wimmer
☐ Ben Davies
☐ Kieran Trippier
☐ Kyle Walker
☐ Toby Alderweireld
☐ Danny Rose
☐ Jan Vertonghen

*Find each word separately (Example: Sol Campbell)

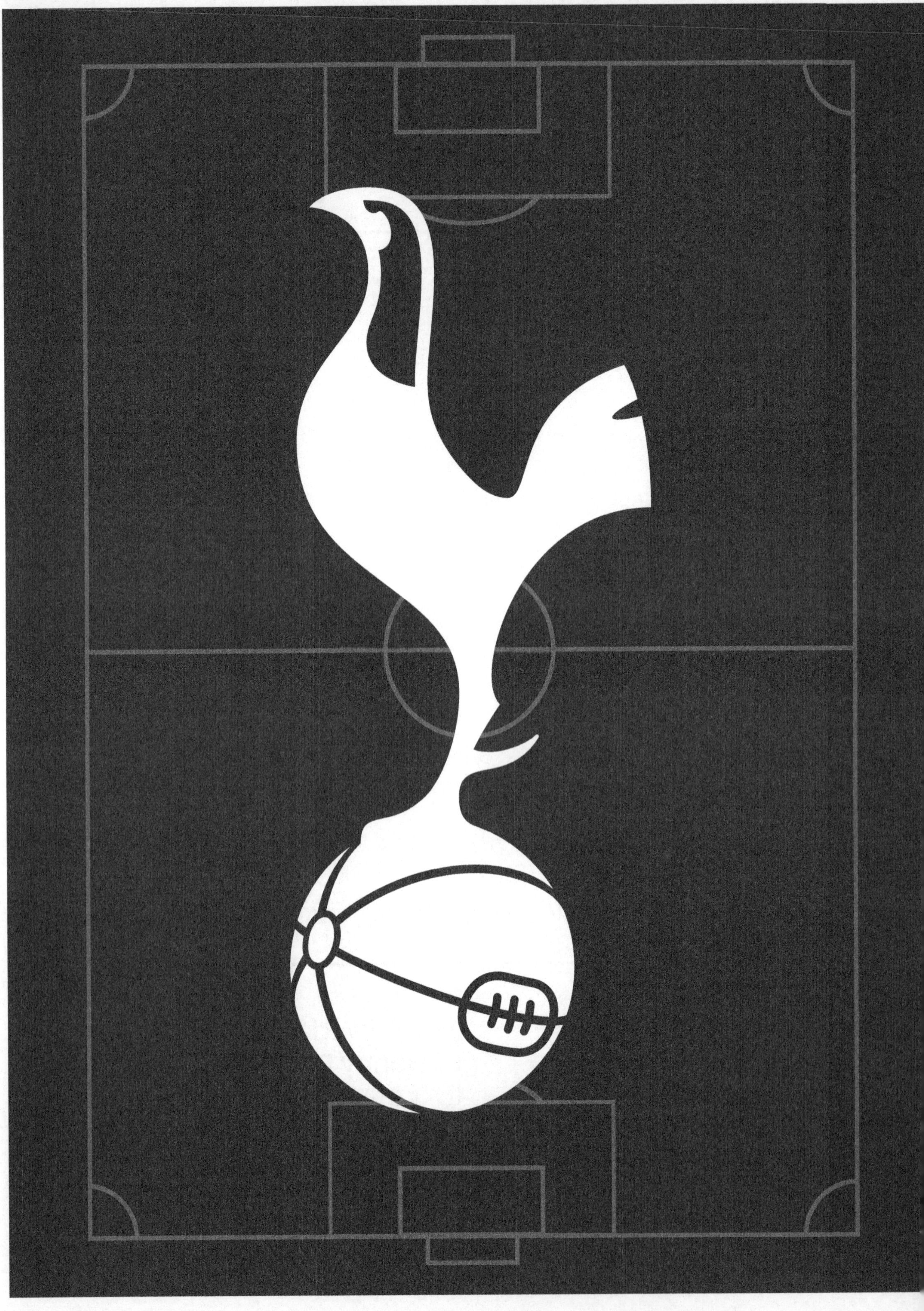

WORST TOTTENHAM HOTSPUR MANAGERS EVER

```
B X U O U H M D Z N N N M Z T V W K Q D
H J G F C R A S D I N Q J L D P Q E U H
A R D A V I D J V W Q U N R E I G T X A
F R O Q J A C Q U E S O L C G T Z I R A
W E U A W T D G R A H A M E R Q N J C Q
O K G P A I E I N V N C T T I I G L Z C
T S A E G R E W U N Q D M V T B D O D O
X O L D O G Y D E X X G E N E O G C V U
K P E C Y R X L J V Y J A O V S R N M S
O Q F L R I G R O S S S S E Q U C A N Q
Q R U S K W T E F A A P H G F B Q T R C
K G K T L L I V E R M O R E A Q X J C C
L Y I D G U M L T D A Y E A R X Z D P R
Y J A C H R I S T I A N J B M W O B B F
O S G B Q Z U L P L H L C C H O O C Y G
E A T Y H O D D L E N G G I D G S O U B
G X A B O K W C P S O O O S S I E K D D
Y J M J V E O Q H B C W O H C R H R L C
G O T X L N T A F E N K S U W V O B R X
L Z F K Z V X E Z C U K H D L D O E M Y
```

☐ David Pleat
☐ Doug Livermore
☐ Gerry Francis
☐ Christian Gross
☐ Tim Sherwood
☐ George Graham
☐ Glenn Hoddle
☐ Juande Ramos
☐ Ossie Ardiles
☐ Jacques Santini

*Find each word separately (Example: Sol Campbell)

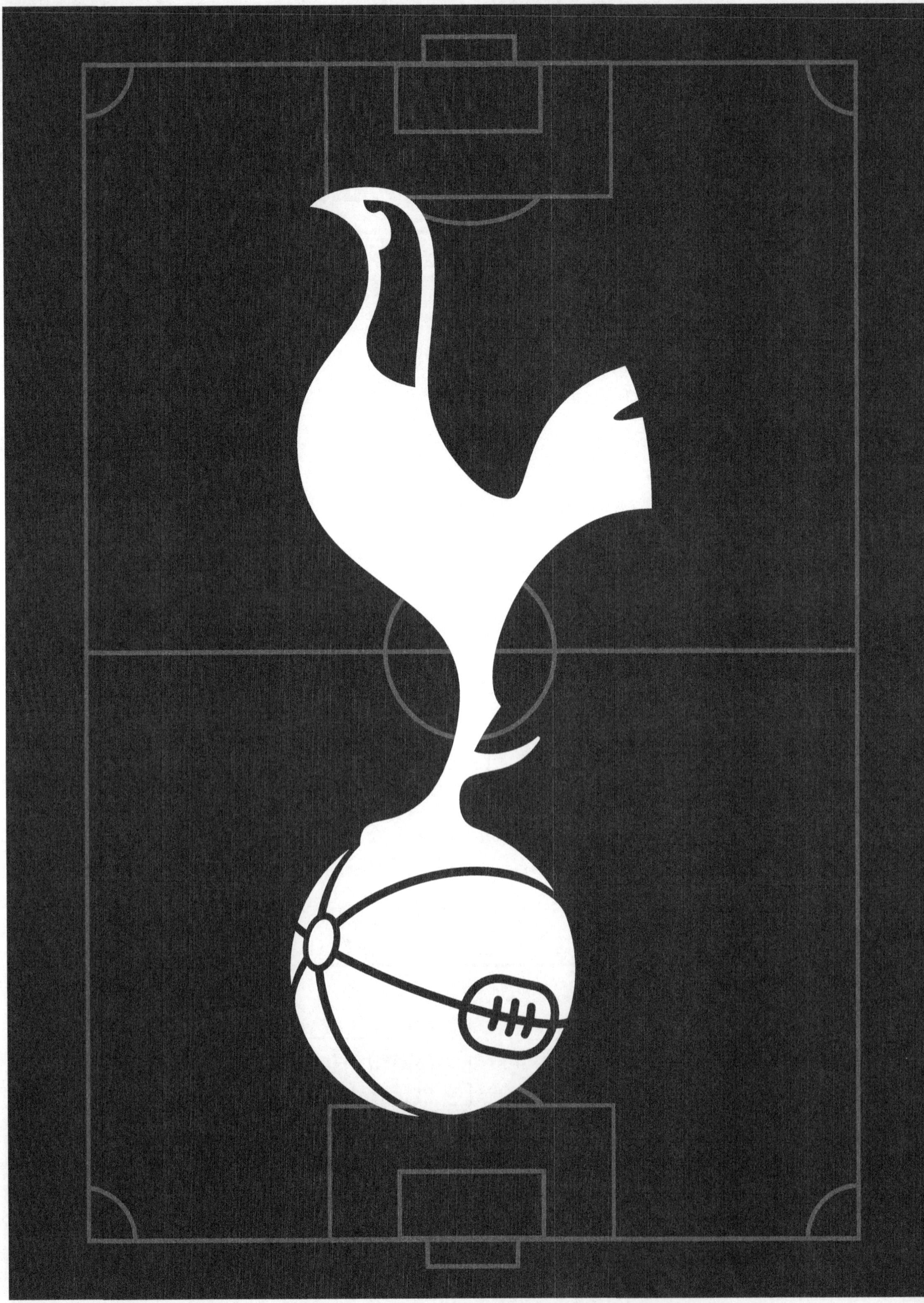

WORST TOTTENHAM SIGNINGS OF ALL TIME

```
E W R B D Q A J P E B T D N N G D N O B
Q L U J X K K L F H R Y C Z B J L W R N
J Q K T Y E U C Z Q E E H G U D Y C I T
B I D S F P E R C B B L R R U C R P P E
Y Q X M Q O V V K U R G D Z X D Z B Z A
R U J P A U L I N H O J Q E K V O G J C
T Y K F N N S N E Z V Z M G R A S I A K
L O G L T H I C L J G O D O A S T K N W
F U G N S O L E E V I G N R V K F H S S
E N Z Z C E M N P L I P B Z I Y L H S S
Z G I L B E R T O T S L C R N Y L K E R
C P A X Y X C G E Q C O D Y F E Z N N P
P Y E E P J A N E O B R U E B R A O R V
M O K L R E F U V I F D V V N H D D X U
H U S H C M I W F I A O K O P G K R O C
Y Z Y T V O U J S G E N B Y U G G W N K
X C U Z I X U G U P G O D Q O B Y U I Z
T H D Q Q G A V Y Q Q H I K W G Q Z D A
B B H A T L A R B W N X V L Y X U D U M
E Y C V Q D I Y E G J X B U U H X L H J
```

☐ Lee Young-Pyo
☐ Paulinho
☐ Gilberto
☐ Helder Postiga
☐ Sergei Rebrov
☐ Vincent Janssen
☐ Grzegorz Rasiak

*Find each word separately (Example: Sol Campbell)

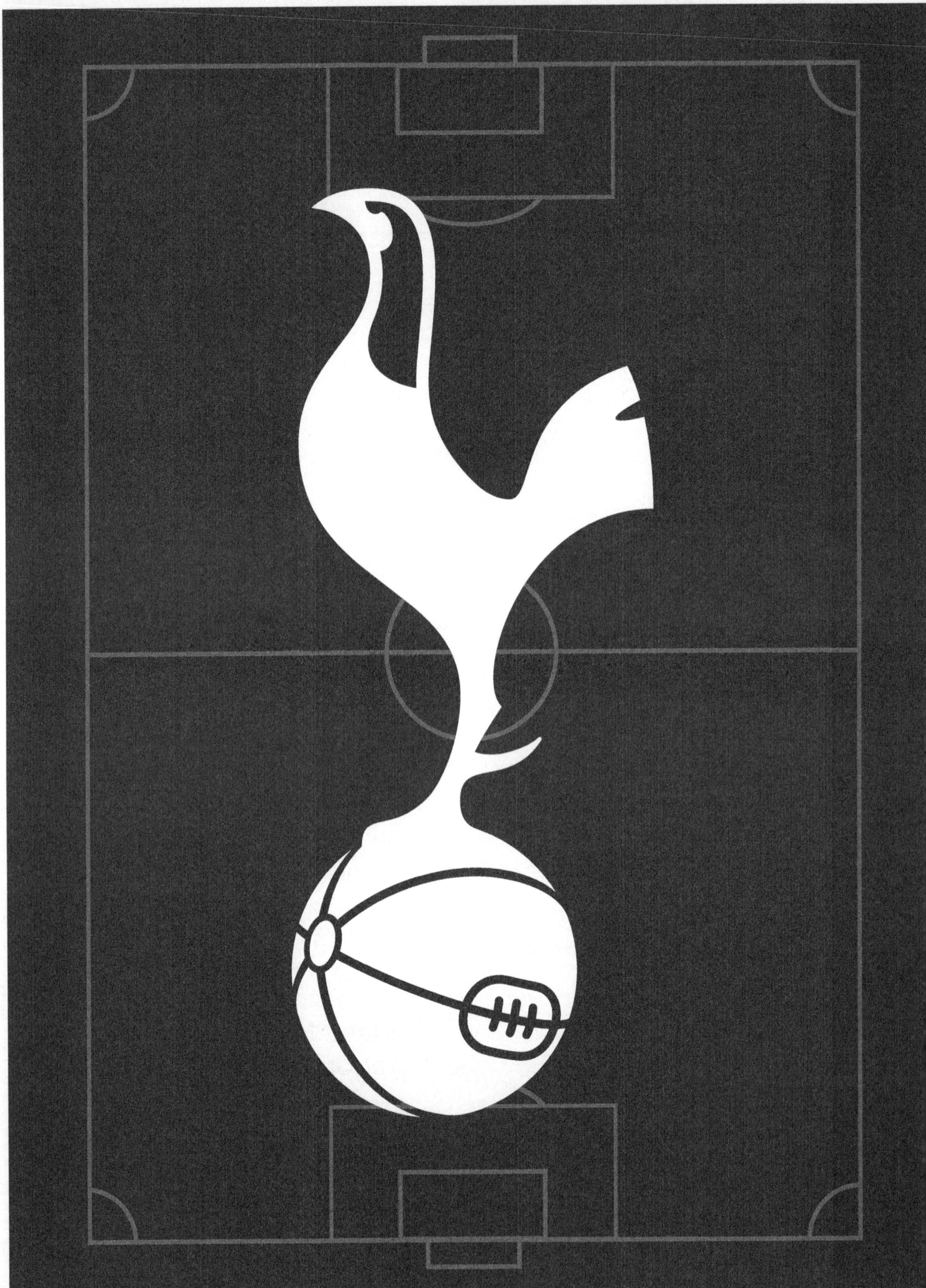

WORST TOTTENHAM SIGNINGS OF ALL TIME

```
F Q B W F P Z D N T W P N H W A G F X H
V N P H C D Y Q A Q E V W D D G M O N D
U S R K I B K J K B N I U C H N A E R B
T T B R I C X O B S J E E P N R R C E C
O E D G G S U O P R V B L N J R Y D D M
F T V B D K O M U A S Z G S A L A A V D
A E Y W N U N B G C T K C D E L N V B M
O I G R K U W B Z E P Q M L S N J I E R
G Z V I D W S B J K H Y K F I T T D U O
A R D L H L J S O A A G Z F S N E U G B
X I H C L U P O I Y K F X Z S T T V A E
O C G Y N L F E E U P D T D O W L O E R
C D Q A B B Y L R J F C P M K C X G N T
L T U A L E T S H H V S E S O L D A D O
N M I A L N R X I B H Y S C Y U P L X S
K V C H E N E M A U R I C I O J S Z C K
H K W B E N T J F J X I L F B F Q S Y F
O F E U C B W S U O R W Z P W Z H Y A B
I H P Y F X T J B A E F W N U X X S I Z
P W B O O P H N T G T A L X C D H Q P Q
```

- ☐ Clinton N'Jie
- ☐ Roberto Soldado
- ☐ Moussa Sissoko
- ☐ David Bentley
- ☐ Ryan Nelsen
- ☐ Mauricio Taricco
- ☐ Darren Bent
- ☐ Steve Slade

*Find each word separately (Example: Sol Campbell)

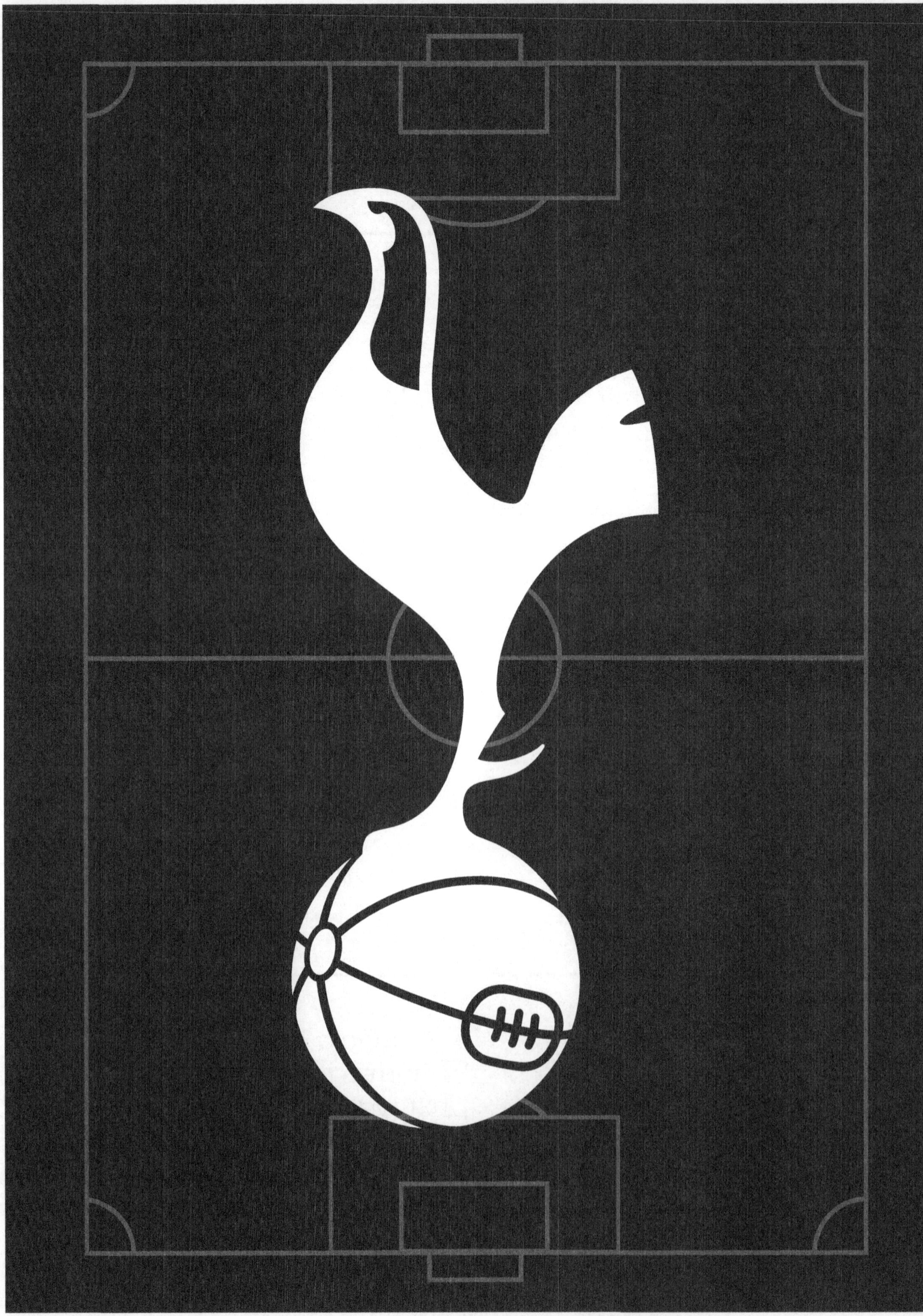

TOTTENHAM CAPTAINS

```
K U N Y N C C L N U Q O I C C S E U R Y
Y Y J W X Z X E U R B V C Z A M X Q S R
W G O E R F P G E H Y U Z B S S L K T W
Q B O E Y Q V T U M J C P V O C V S E A
K T S R I S T X W X C T J B U C K L E L
H P B G P D S I X J Y L D O X D J C L T
R D G W G A H R S Z T V K B B U A U S E
X Q A C B M N O Y Y D K N B K T B N L R
G L E A V R F T R F N I Z Y Y J I H N L
W J I R H H D L H K A W P D O L L H X Y
D O Q T U H Y T O Z T V P B L G L K A N
U N B H O E G C Q V C K T O M Y Y L L V
E E Z U B B E K H R K S C H Y F C Q K O
H S G R I M S D E L L I O E O N L B K F
X X G U B Z I T E H H N K I C M T C N X
J A S U W W N C C B W X T R U I A O H H
R I T O Y I Y E A C W F A C E J L S N U
H X R Y M I V R F I U U E Y D A F Q J Z
A V C P Y Z K V R R Z Q C Z X C B Q W A
W Z L A C K T D U F X X G W A K C I S R
```

- ☐ Bobby Buckle
- ☐ Jack Jull
- ☐ Jack L. Jones
- ☐ Walter Bull
- ☐ Danny Steel
- ☐ Tom Collins
- ☐ Billy Minter
- ☐ Thomas Clay
- ☐ Arthur Grimsdell
- ☐ Cecil Poynton

*Find each word separately (Example: Sol Campbell)

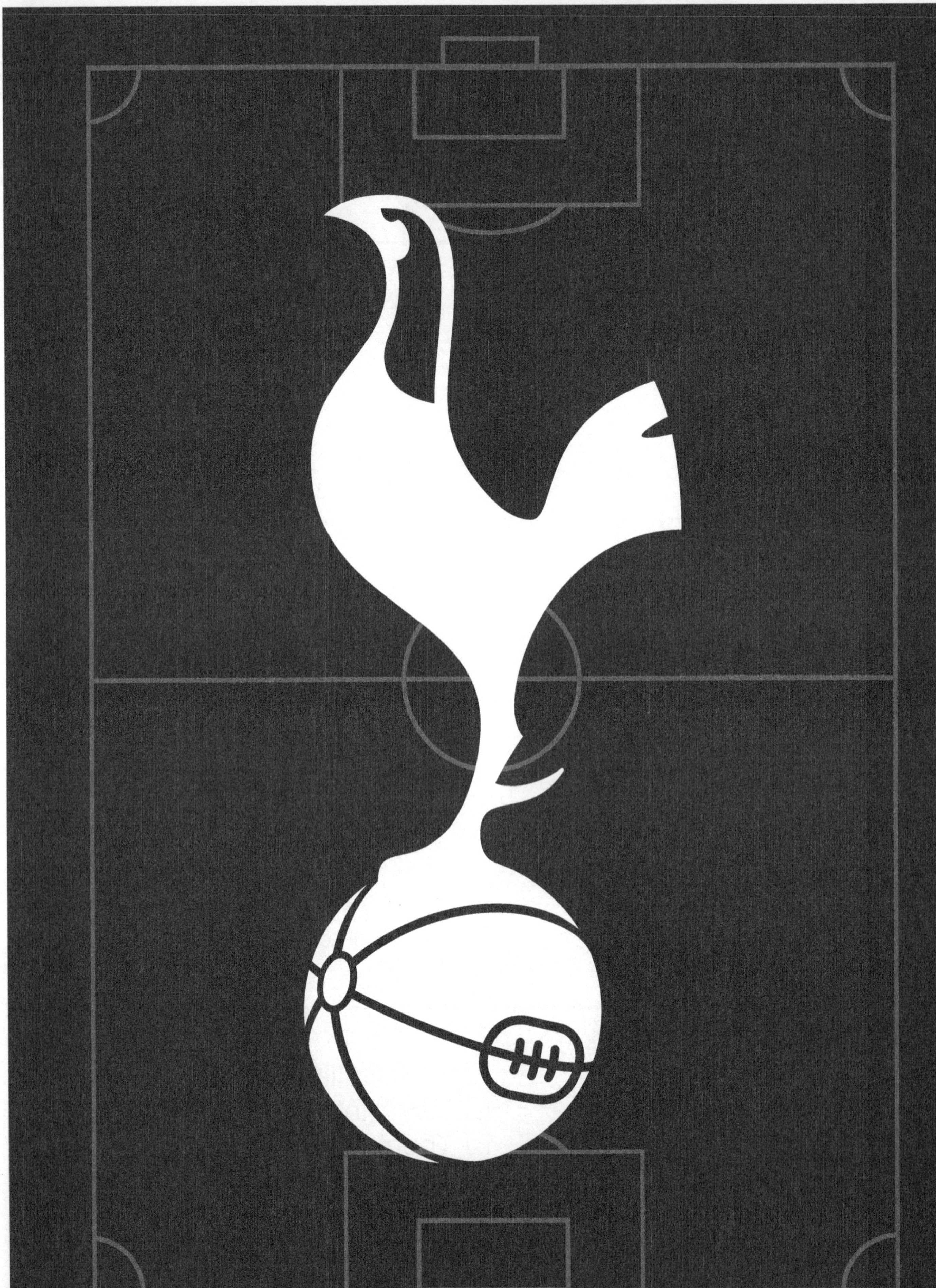

TOTTENHAM CAPTAINS

```
Y J G W O Z X Y J V V G D M A F X R N L
T X Y D Z W I P Q Q X I Q B N E V O I M
L V Q S N I I F D K B H D L V P R T I T
A Y Z G G Z F K G H M N E A T B O B B Y
H E N T B A S G P Q X W D N M H W R I N
B D Z X M X I G F W K I G C A W E S S Y
R T C Q W R H A U M A R C H I W E I I I
J N Y B T G I N A H G K W F O N G O F Q
K Z P U F Y V O G R X E L L U S X S S O
A Y V I M G N U N E T R F O K I S G J Y
I M R P V T O C L S K H Y W V E W B N X
V J O W W I S X D E C M U E G R V N H B
G K F Z N V Z B I N W U M R V Y A J J R
Q B K Q S Q J H A W L K U T B D P O P A
N K I Y G B F L H E V B I G O E A H X M
U B R B K A B O U L F E L T O N T N K S
M I G B T V I D Q R Y O T P M I Y F N E
K N X O W A L F U E J X O H M A C K A Y
M S O G E K L Z O H I L Q S M U Q J G S
L F W A N G Y F E D F E R E X E E N R Y
```

☐ Billy Felton
☐ Arthur Rowe
☐ Ron Burgess
☐ Alf Ramsey
☐ Danny Blanchflower

☐ Tony Marchi
☐ John Ryden
☐ Bobby Smith
☐ Danny Blanchflower
☐ Dave Mackay
☐ Younès Kaboul

*Find each word separately (Example: Sol Campbell)

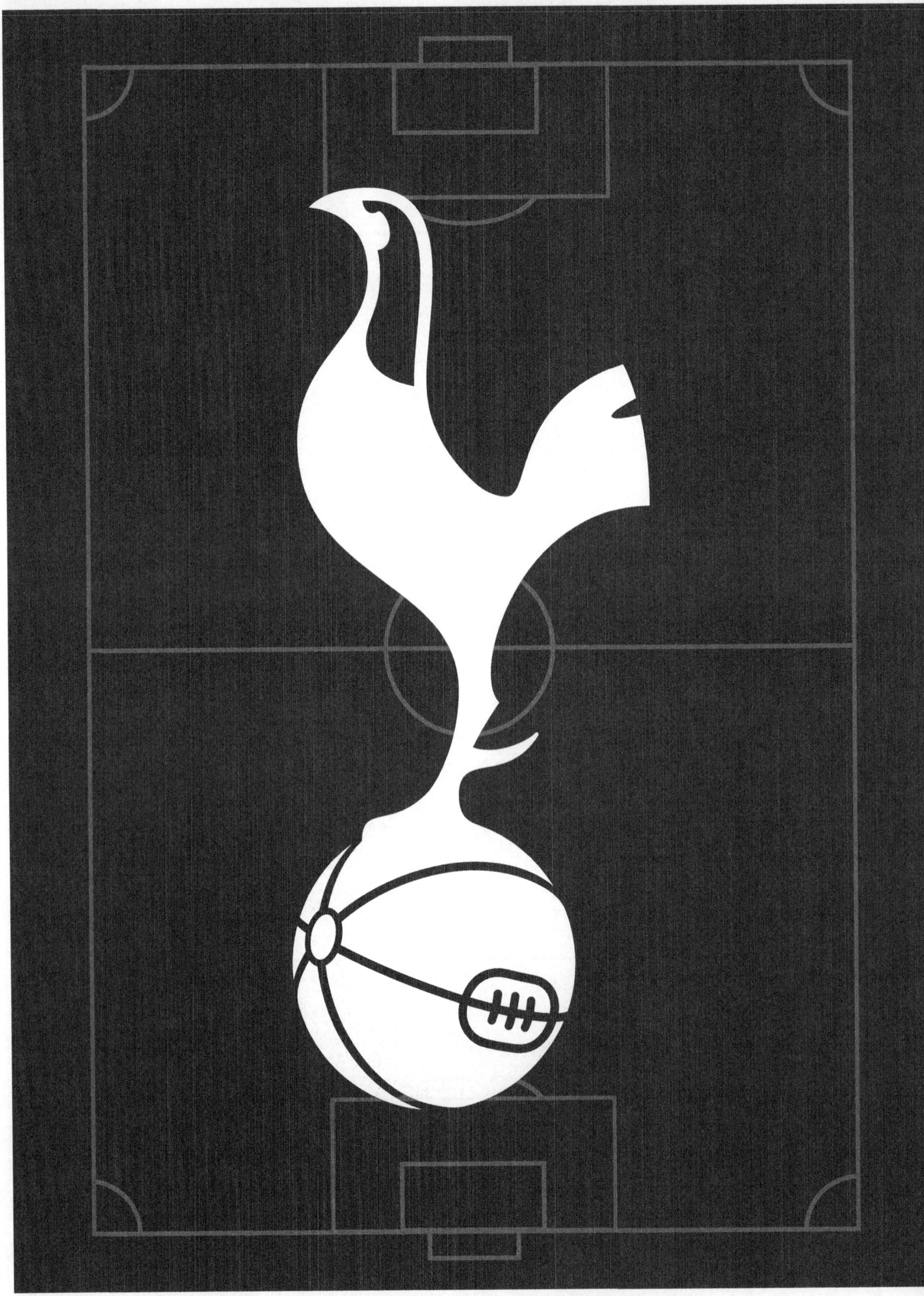

TOTTENHAM CAPTAINS

```
Q Q K U B O I M H C C O G G E F X E U C
W G V H E A T X I J W G G Q G P W H E B
C K H H T S B O U Z Y J S Y X E S E K U
D P B U L E X G W E H P A G A R Y H Y S
D S S P Y C P D L L Z Y Y R C R S X I O
M W C D O A I D Z C J N V T L Y H Y U R
L Z V F A O E L H R L N M L E M E S O L
P U N F G L I G O E T C L E M A R T I N
F U E C K L U S A S T E P H E N I E M O
P D A W S O N H T K B M E T N G N V N N
R B C N G R C Y K P K R Q E C C G E A K
N L X D E I H Z M W Q I E D E J H L L Q
V T V H M S B A X C U C B D D Q A U G S
P P G L U A C G E T U H E Y K C M M G R
X E H P L L B L L L Q A N U I N W W I O
I G T F L X N B I V A R H W N E A E O E
X W T E E R W Q U M S D B Y G A L P L Q
I Q M C R M W S Y T E A G G M I B J P A
C K X N Y S P S Y Q T D J D G I F L B R
N K V T S I V Y R S L Q E E R R X X A O
```

- ☐ Alan Mullery
- ☐ Martin Peters
- ☐ Steve Perryman
- ☐ Stephen Clemence
- ☐ Richard Gough
- ☐ Hugo Lloris
- ☐ Gary Mabbutt
- ☐ Sol Campbell
- ☐ Teddy Sheringham
- ☐ Jamie Redknapp
- ☐ Ledley King
- ☐ Michael Dawson

*Find each word separately (Example: Sol Campbell)

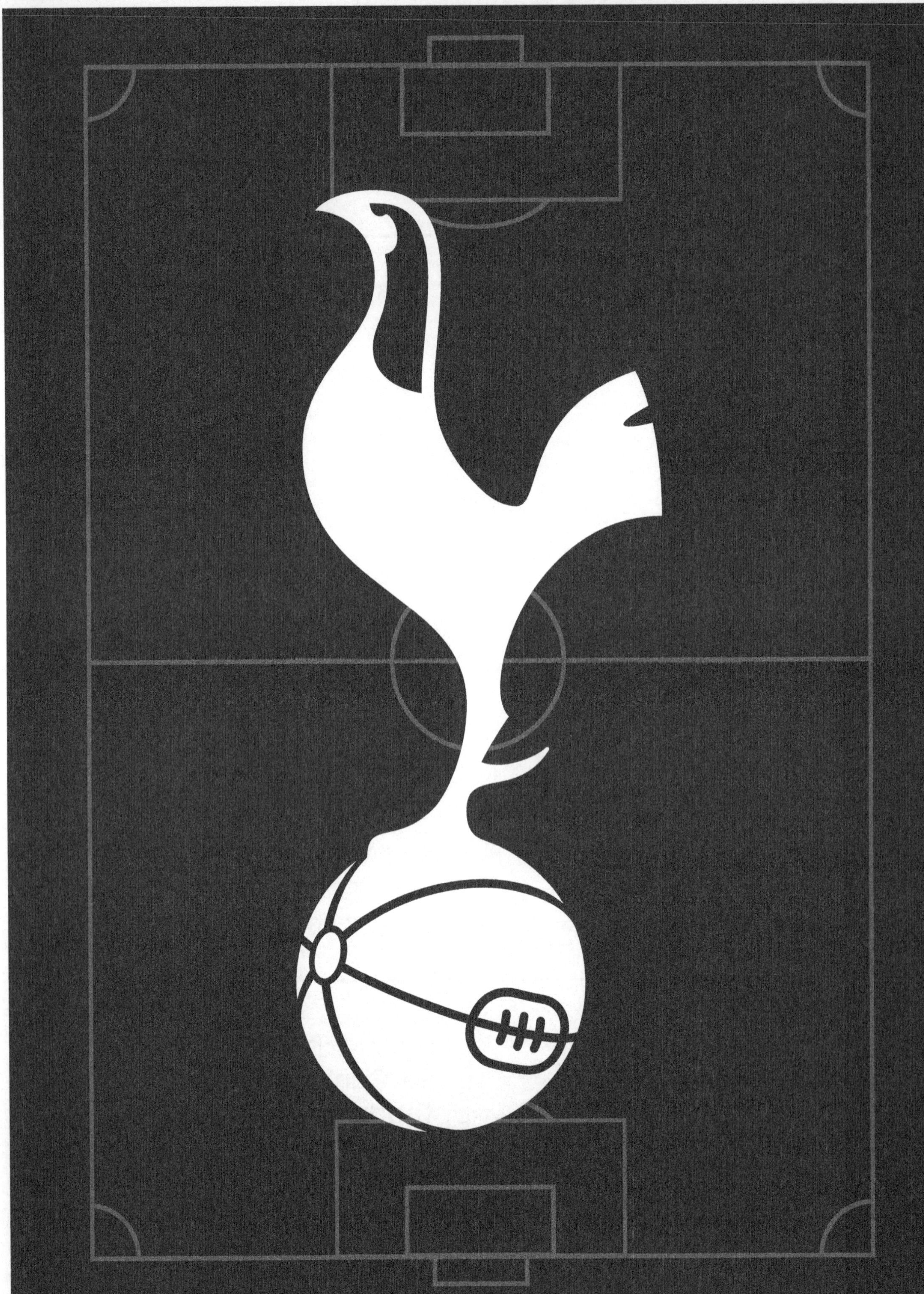

BIGGEST WINS

```
K U A F D N Z L U C Y I N U X X P O J G
L T I E A Q Q O I Y J Y Y E N Z C B M H
S I K N W F S P Z Z Y V E R S Q M W F N
W L D W T Z K J H Y V N C C N C J V H U
X B P J Z N U G M X N F V Y L H F O U X
V J I A D L T C D P Í H Q P K P V V T W
F F D W J K P R D Q B G X K U B J Z O S
O G O T S D X Q X Q L J Q E M L R O S R
M Y Q U N U Q L X S M P B F F L A C G N
I L N Z N Z T F M Z G T R L A U L W C M
R H B U X I D O S U D G I A G E A I E H
L Z I N F Y T R O V E R S V J C T G F S
N E D N N X K E O N O T T I N G H A M C
H J C O D Z H S D G I U O K N I L N G T
U P F O G K M T O M H T L J M P E N Q U
E G G V D X U F X W J E G W D W T U Y Z
S O Y Z H M X N U Q S B D N L R I O P G
B K P W U Z R K B G S J W A P N C Q V B
V F Z U X P D E M V J X P H N P S N J W
T Y I W K R V L T D O W Q P T K H H N Z
```

☐ Bristol Rovers (9:0)
☐ ÍB Keflavík (9:0)
☐ Wigan Athletic (9:1)
☐ Drogheda United (8:0)
☐ Nottingham Forest (9:2)

*Find each word separately (Example: Sol Campbell)

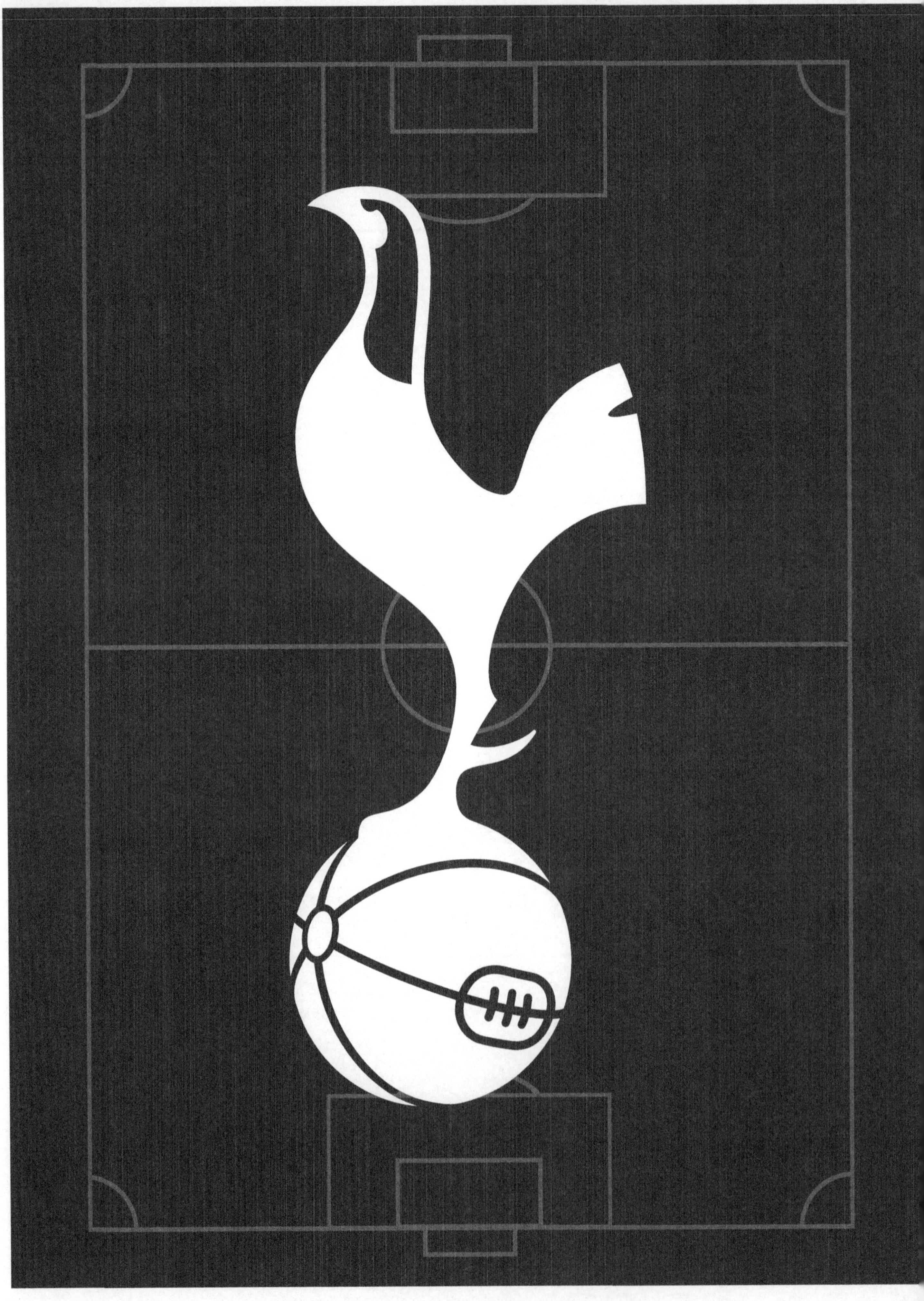

BIGGEST WINS

```
X P Q Y B M X B T L U B K E Y O R W H H
K R F Q B Z E M W S Z Q D G S K X M T Q
H K R E T E A W B K P P C O X G K Z X C
I K F A M D Y E M N R E D R A Z Z A D X
W Y H L L D J N P J L A X P R H W E F Q
S P G W J N T K M L O X H K C A T V D A
Z U X C Q J V B N U P M J E U I I E H I
P C X X R S X C A L D Q N U N O R R N G
W L T Q Y X B I A Y V Z E U B E B T K C
Y C U L B D C C E E O I W J M X U O X Z
A Z C H J P Q J R B P W C N G Ó R N I K
T X Y A Q J F N A D M D A U I O N F L K
P R L D Z U A Y C S I R S L L T L C A N
F J G G O R A R J Z T O T X M Z E M B A
E Y C J D T T D X B O V L Q W B Y P K M
P P Z I F W X R T T Z E E X O Z Q R H G
M Q Q K L P D I Z A B R Z E M D J U H K
M Z J X B S Z C E R K S A U G J B X Z P
U C T V F D K F W J U I Y L P K O P T Q
O H K L Z Z L U W Z L F K F M H T D E T
```

- ☐ Górnik Zabrze (8:1)
- ☐ Tranmere Rovers (7:0)
- ☐ Burnley (7:0)
- ☐ Newcastle United (7:0)
- ☐ Everton FC (10:4)

*Find each word separately (Example: Sol Campbell)

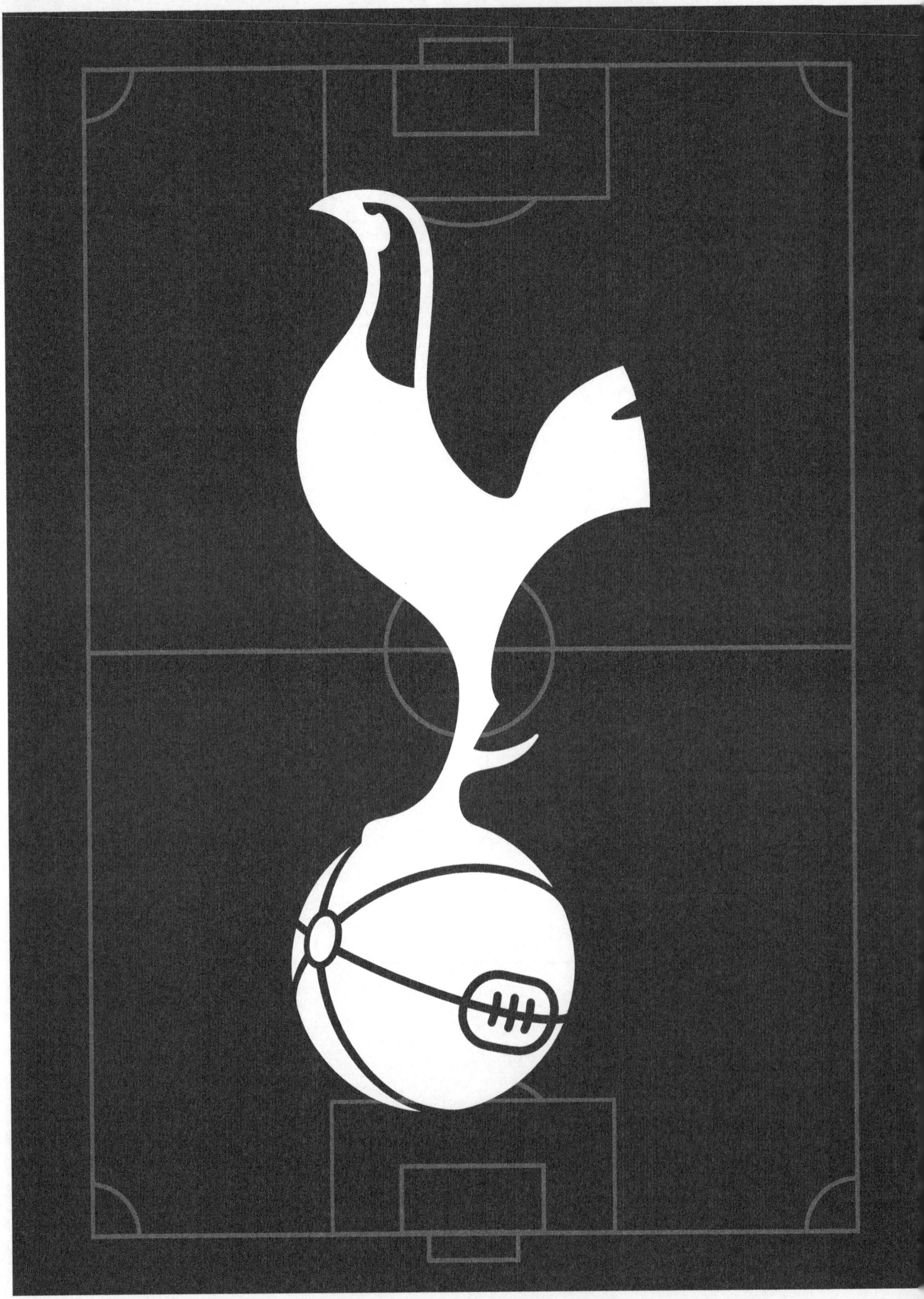

ALL-TIME RED CARDS IN PREMIER LEAGUE

```
C Y R G S S Y E L C O R O Y I J W Z D B
I O C O K Y M H H P R K M I C H A E L F
R U P N F L E M A F C A Z A U N T U E Z
C Q Y Q N V D V T G R W V L U D A M W D
T V Q O Z P H J A N L E M Y M R R C Q O
U G A G T J K R X V R D J I Q W I M X K
B J I O Q J I E V P O J O H N E C C Z T
F X I F W W Z L G W B B U D A S C K I C
Q Y H O L T H Z D X B S C Y T A O D E O
P Q K D C H R I S T I A N S P O H N G L
A N B X C S C A L D E R W O O D P P E I
E D K Y K G T T Z N Y X E H Y I E U B N
R F S L J E R M A I N D T X E O R C R G
A J W F O H O E I N G Y N U T U U Q X D
V X K F E U K A B O U L J Y W S N N A A
F W E Z D L L G T W S S Z T J D T G E W
Q D Q Z Q B E N O I T W N X P V Q G I S
S W T S J H J R I H A L W C S U Y X X O
C N H L E S Z G W M V I G D N F C N X N
A S S O U E K O T T O C A P L A L K J E
```

- ☐ Younes Kaboul
- ☐ Colin Calderwood
- ☐ Mauricio Taricco
- ☐ Heung Min Son
- ☐ Michael Dawson
- ☐ Jermain Defoe
- ☐ Christian Ziege
- ☐ Robbie Keane
- ☐ Benoit Assou-Ekotto
- ☐ Gustavo Poyet

*Find each word separately (Example: Sol Campbell)

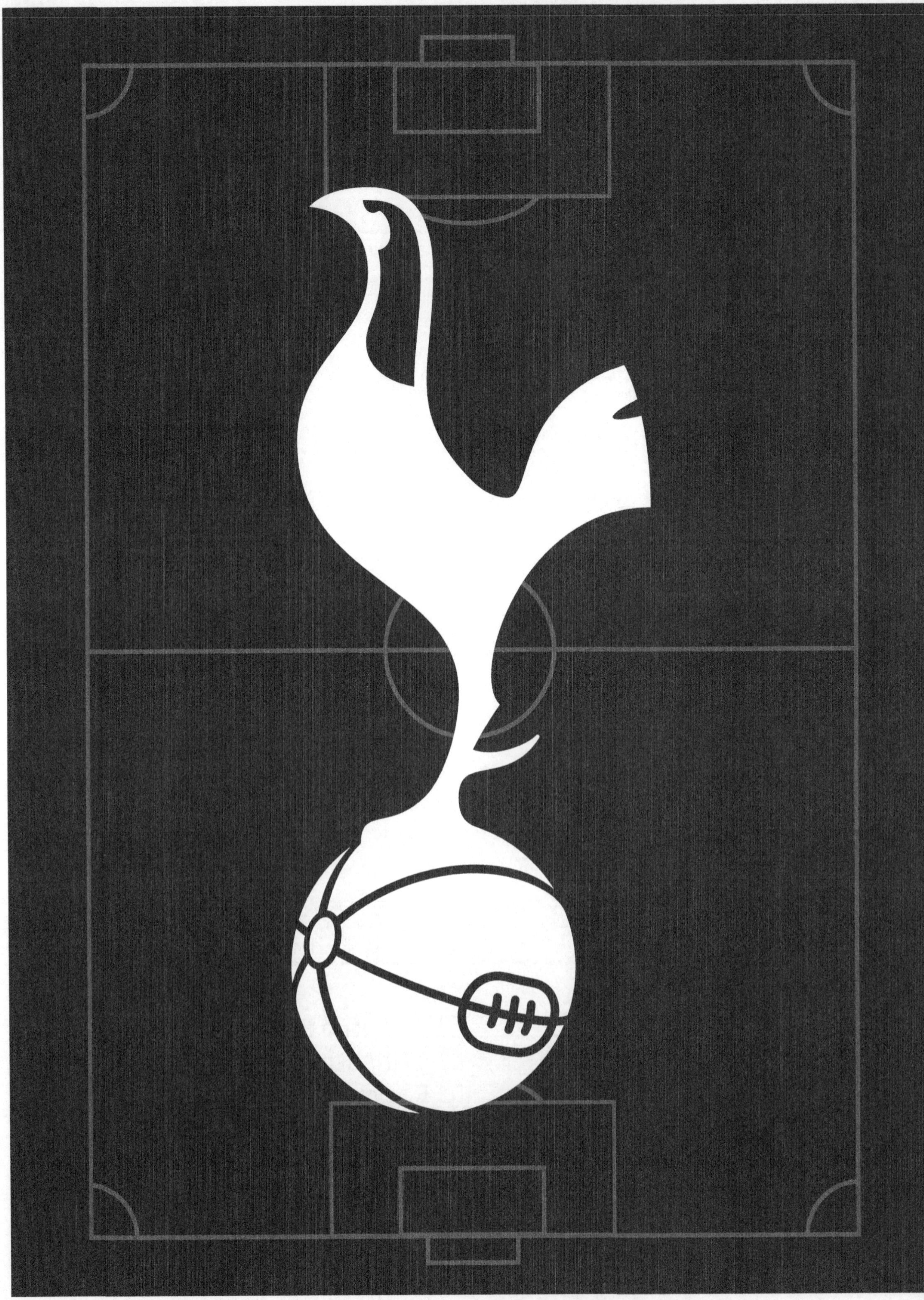

PREMIERE LEAGUE TEAMS

29

```
G E E Y F T O T W D K E Q N C K U I L Q
C J O Q P K I E F E U N I T E D F Q C Z
U H S Y S I T Q U S O L S X Q J X W K M
L G P X Q O J V L K N E I R Y T B R T V
R W Q C W L O V C R W T Y V H J U S F W
K X R E O X W J D D A U U W E Z Q B E N
W I J D I U L S B N N B C E X R F O E G
W E N I S G N I L A D U H U U I P F E G
W X M G O W W O L V E R H A M P T O N S
W W I G Y F P G R C R N A S T X Q F O D
C W V W U D X G A F E L M W Z Q I R T L
S A H H V L W L X G R E J G M K C I T Y
B D B O H N A B T V S Y P A K T H S I C
O Z P D J P Z O M A N C H E S T E R N H
P Z R M P V T H E Q L L Q E J B L U G F
R O L P P V C P P F U G R M G T S W H K
R D M D K C R S H F L O Q A R S E N A L
Z Y B S N E K M U N F C R Y S T A L M Z
S T W B W K O G A L T B Z G O Q U O W T
I D F C R O M T H W H B X R K T H I F H
```

- ☐ West Ham United
- ☐ Wolverhampton Wanderers
- ☐ Nottingham Forest
- ☐ Manchester City
- ☐ Crystal Palace
- ☐ Burnley
- ☐ fulham
- ☐ Arsenal
- ☐ Chelsea
- ☐ Liverpool

*Find each word separately (Example: Sol Campbell)

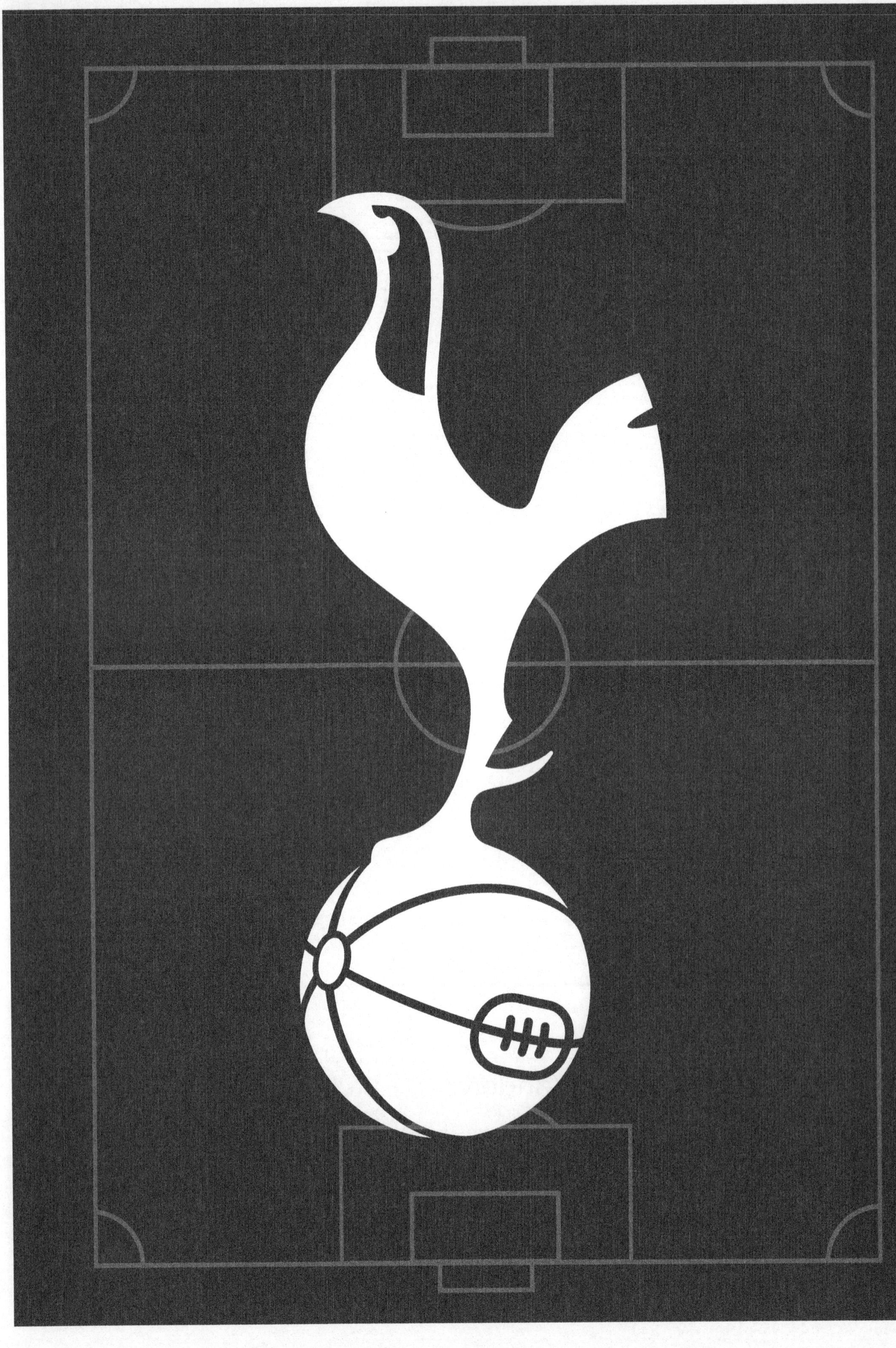

ALL-TIME BEST PENALTY TAKERS

```
Y O Z R V E B S J B Z X U V T R I U N E
A D Z U N M J Y D L Q F I X W Y M O T R
I U L Y O L O S Z A L F G E Y D M N G V
Y Z T I M F L F Y N B D R A Y W H C O D
E K C P N N G V S C N D U E N S U Q B A
N U H L X E O A M H I X S B J W V O J J
W T J L N R K S I F E K T O L W J W W T
H G R H V B C E F L I R D D A N N Y M T
X I Y I L T H Q R O B B I E C H R Q T O
E G X W A I E N A W C N H N H A S B B R
G F E O G O N K M E Q C L A G L E N N P
P F R A Q X T R S R V E I I R H U J H G
U U Q Q K S P K E W C C M E E R A I Z Q
V H U P S O H K Y N R U M I A K Y M W C
W W T Y I S P O Z L B R X K V Z V M V Y
O L T A Z W N S T C A S Y A E J H Y Z W
B H S I Z G I G O H R Y G N S I M I I O
U P L P P D J O P K X F A E I M T C R F
J I I A P Z H O D D L E Q G O N V H R F
X C B T O F F D H D K N U T E D D Y S V
```

☐ Harry Kane (33)
☐ Jimmy Greaves (27)
☐ Glenn Hoddle (23)
☐ Alf Ramsey (17)
☐ Robbie Keane (16)
☐ Teddy Sheringham (16)
☐ Danny Blanchflower (9)
☐ Tommy Harmer (8)
☐ Gary Lineker (7)
☐ Keith Osgood (7)

*Find each word separately (Example: Sol Campbell)

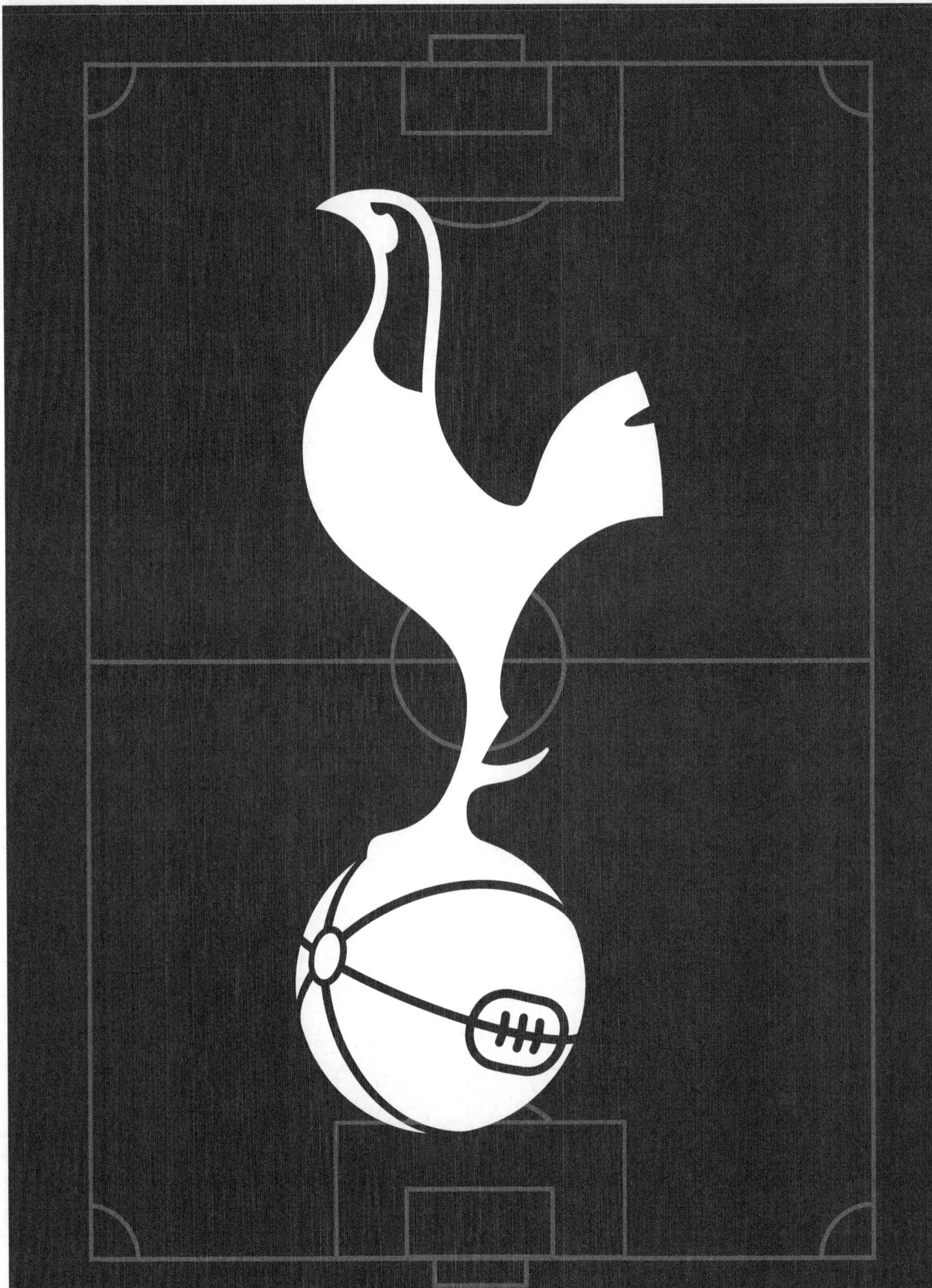

NINE PLAYERS WHO TOTTENHAM NEARLY SIGNED

```
D N J C P D K L Y D V T V L F M W V F H
V Q A D K T X D A R S R G V M D W R Q A
W W B A D Q G E S H C V P D I N N G R W
F G K H K E M Z Z B P E E F K Z O A Z U
M T L T O W B D N Y Q Q Z U U P M U P Z
D G E R R Y R K S I Y N G X J L V Q S N
C J M B L Z E K K V M U K Z Q G P U B Q
F R K E Z C J C K J T V B B W T U D F S
T G Z X W E D G S M G D W J O E B P C H
L Y H W I L L I A N B J Q C L A A B R T
I D W G M L U H O R J W Y O R N I M V Z
C V A G E L K N S G S Y C T L V A M C W
C H R G D C Z V F K U H D H F D J Q K M
G A G H E O R G H E G J A T A N D R E Y
L Z Z B N G K N G T N J K V B R V O R B
Z A J S G E D S S S D L L E I Y L M P C
F R A S K S K A N W U M O L A N M I M L
U D P F M I Q B V A U Z B Q N B S W E V
F P T D K E K D R I V A L D O E Y R M N
F S T G G G I V Y L D D Y B K B Q U R R
```

☐ Willian
☐ Andrey Arshavin
☐ Charlie Adam
☐ Gheorghe Hagi
☐ Joe Cole
☐ Luis Fabiano
☐ Raul
☐ Rivaldo
☐ Eden Hazard
☐ David Beckham

*Find each word separately (Example: Sol Campbell)

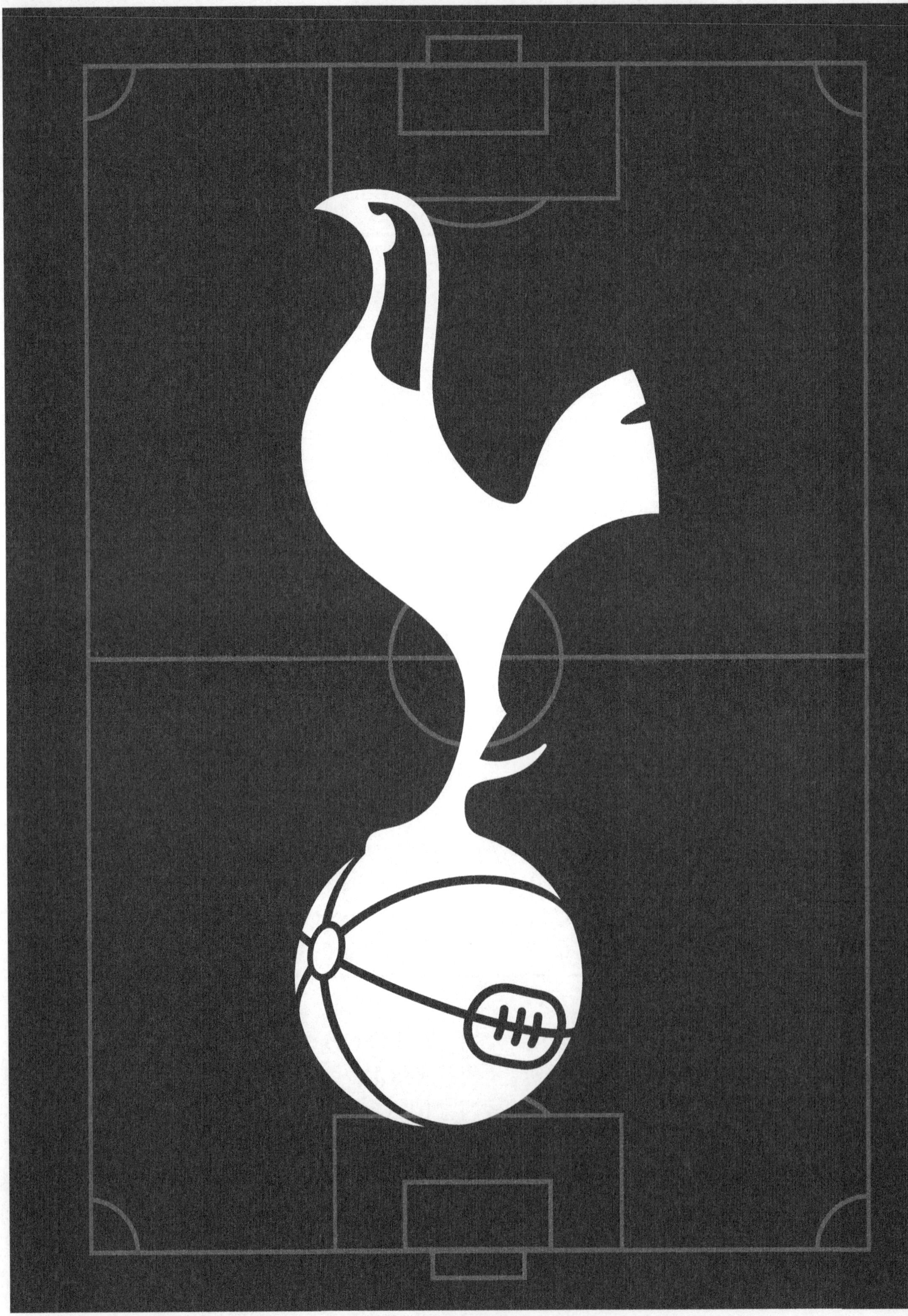

FAMOUS TOTTENHAM SUPPORTERS

```
R D P S U K G K W H A T W A S S J N U Z
W L Q L H Y H L S C Z J W Y D Q U E X E
M V K D C C C O I Z W Z C D U O D G N E
L W D U H X X E R V S J X N M I H D M I
O I F J H P D W A G B K A K H A L I I A
C F E Y G H O L L A N D V P Z L Q U N K
R X Y V G M V F A W L E B R C L S Z Q M
A A Y C J M C J N A K Y N S Q R F L N Z
J M I K O E F V N H N V X E N V V D P I
S I R T R E V O R L Y Q T O H H E V P L
H A Y D P J D N V B F P L J N R H I U F
M L T R A C E Y H E R L X W Y O C K C H
S O R Z M V R N B R R A T T S X W M J G
N K I H E G H K T G C B N Q R W O I C A
V A X T S O X F O A H I U A H N P C U H
V D S O J P W I C A C B G O G P H H S Q
A E G H B S D W Q M G U T A V H S A I I
Y L P B T Q P M G M S I R K E N N E T H
C E N A B Z F A A U I D P M X A B L S P
K S D B B N T E A T C L N V R D E T T A
```

☐ Sir Trevor McDonald
☐ Michael McIntyre
☐ Steve Nash
☐ AJ Tracey
☐ Sir Alan Sugar
☐ Mark Wahlberg
☐ Sir Kenneth Branagh
☐ Tom Holland
☐ Adele
☐ John Cena

*Find each word separately (Example: Sol Campbell)

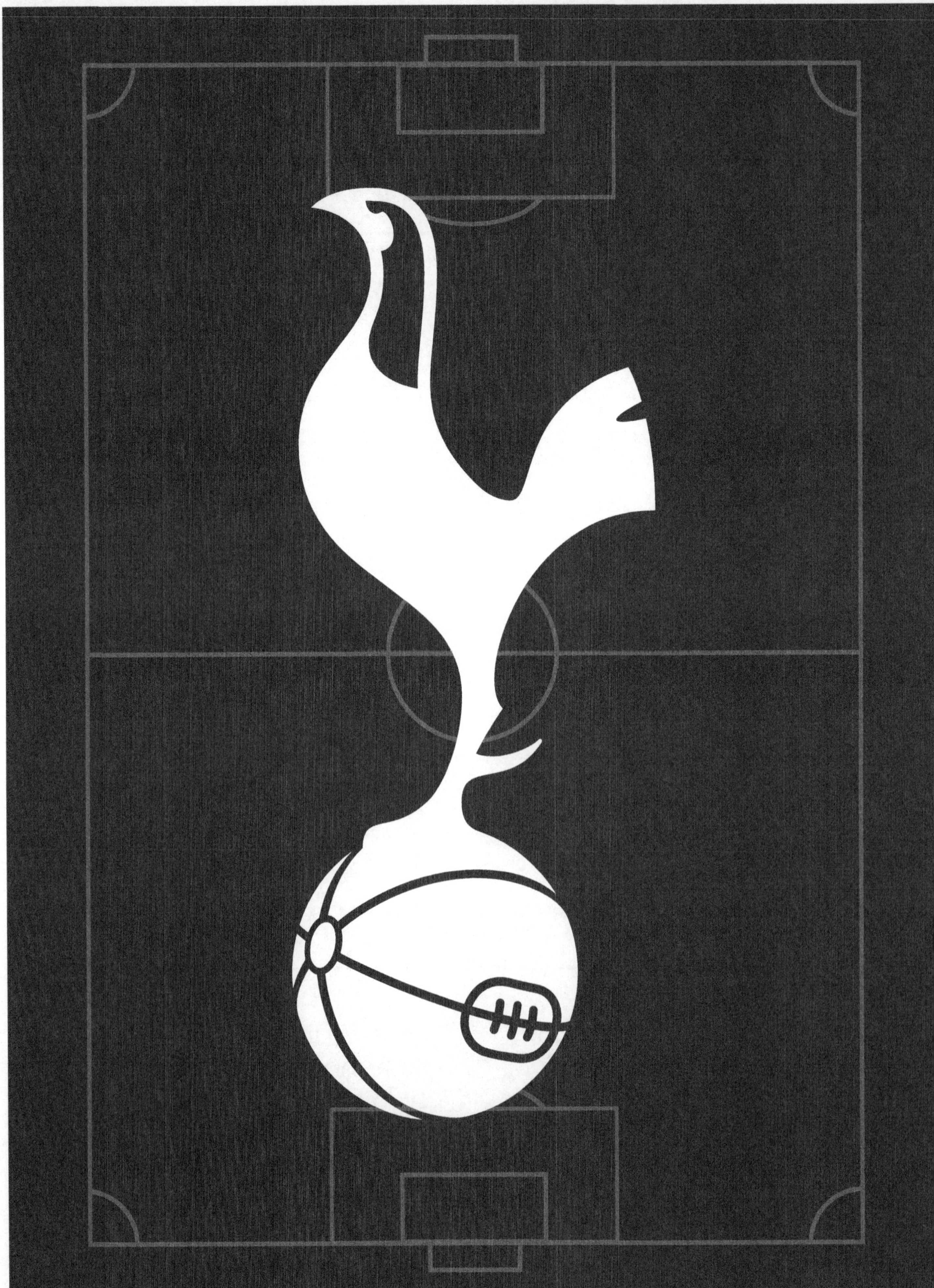

FAMOUS TOTTENHAM SUPPORTERS

```
K H O R N E L N W D M R N I B K K O Q P
M Q O E O T W Z C J Z H B B D H H Y C T
K O L O B W U Q A Z J P E T E R V L X D
K L V D U H L I E H K Z B C H R C N K O
A B I J F I H I K Y R Z U Z C O N J R A
Z N U M E T N R N L V R X F Z M Z A T T
V I L N Y E H Z H G B B Y Q Z P A S R Z
M K W S B H D B W G Q E T Q M X I O P D
Q R R R I O W A J X G R C I O T M N V O
K O Y P G U L D V N O R M P U J N I X G
F J O C G S T O K E S R M A T T H E W Y
P R J P S E K C G C J I B U W D V K G S
F G E E D M Z I X D I D N L L R W D A R
P W R U D F V N M W K F I P A F R Y R O
E B J H Y E Z G T F G G P V L W M F W M
G O D M J S R P O D O N C M P U D S V C
M Q P J A O G X B Z S D T T L J O B U O
G P K D F R E U A A I T J T A Q Z T M V
M U O P L L U J B F G B Y G W X F M E I
K M X B R Z T Z T V K U O Y C L B V S T
```

☐ JK Rowling ☐ Dave Bautista
☐ Bruce Forsyth ☐ Jason Biggs
☐ Jude Law ☐ Paul Whitehouse
☐ Ben Stokes ☐ Peter Allen
☐ Matthew Horne ☐ Bernard Bresslaw

*Find each word separately (Example: Sol Campbell)

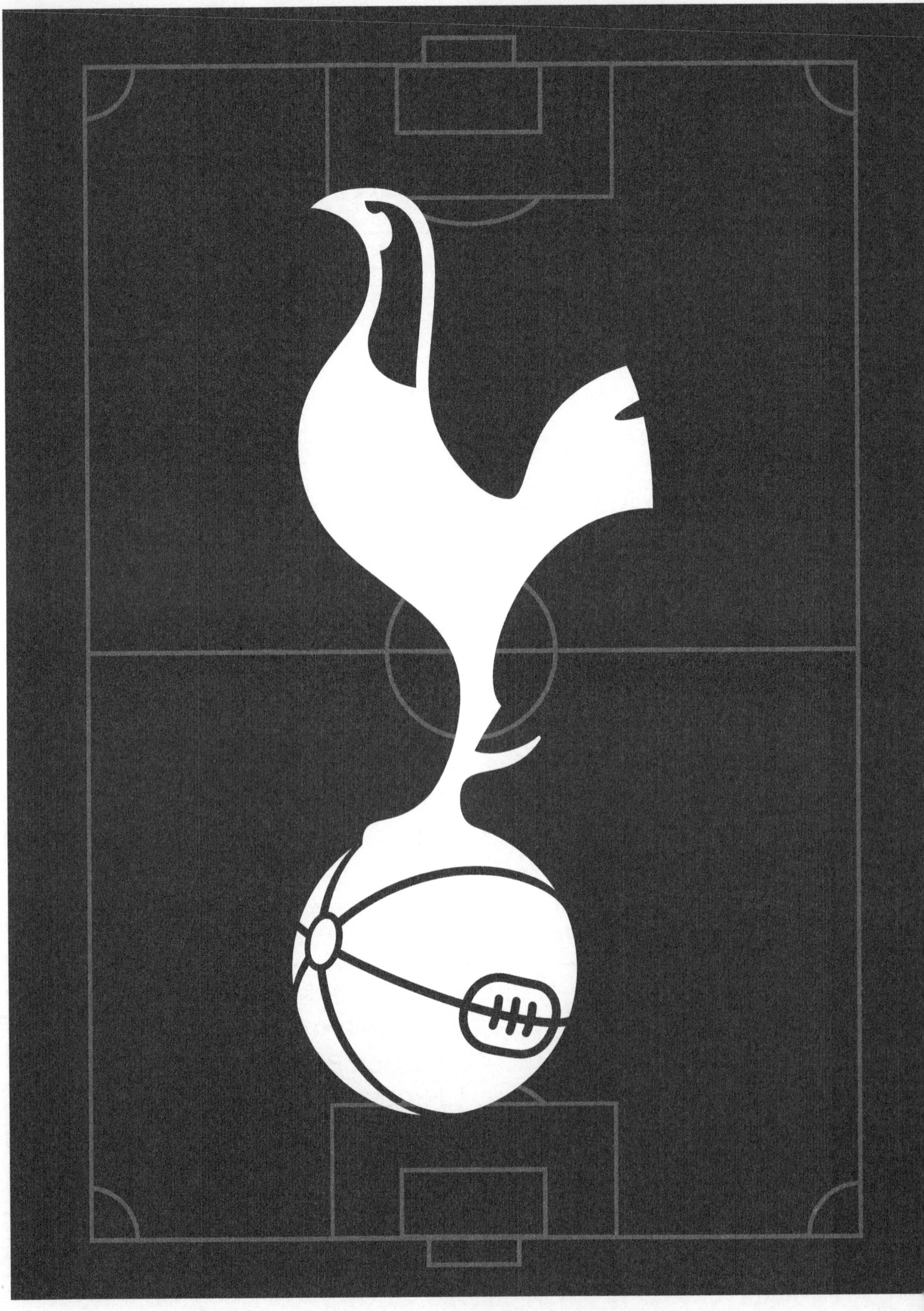

GLORY GLORY TOTTENHAM HOTSPUR - WORDS

```
W D F H M R A U S Z F J T V R F Q O Y T
V O O Y H Q S Y E J R N J C N Z E W U B
O E T I U W E R D M L H I K W J O Y I P
G Z P R I D E V S V K A M V G G V N I W
N L N J P V N C G U B E E N X B G R Z O
T O T T E N H A M O R O P U F V J I H I
A N R W F P U O Z O I Z Y W B F V R F
Y D J T U U W S T R E Y T B H O G T Z L
A O H Y H Y C B S S I A G R E A T E S T
P N R P T K Z O Q K P W L Y M N E E O K
W F M B L S C C J E O U O T H W I C M V
C Z O E I C T Y V V M Y R R V C K N F V
F G O X P N K G K U J O Y Q L K A J C O
V R X K I N W H Q L I M I T Q D M W F H
F K B U C S Y P H E B X M A W S N Y V Y
B A H X Y Y Y L P X E O U B W D T X U S
J X P C O N V L M B C N B G F F C E V E
T M Z J A N C K D S Y Q D D P D K F I L
C M Y O U Q M O W R A P B Q Y W Y G C A
K K I U D M J X R B V X W K B H N K O K
```

☐ Glory
☐ Tottenham
☐ Hotspur
☐ Greatest
☐ World
☐ Ever
☐ Seen
☐ Pride
☐ North
☐ London

*Find each word separately (Example: Sol Campbell)

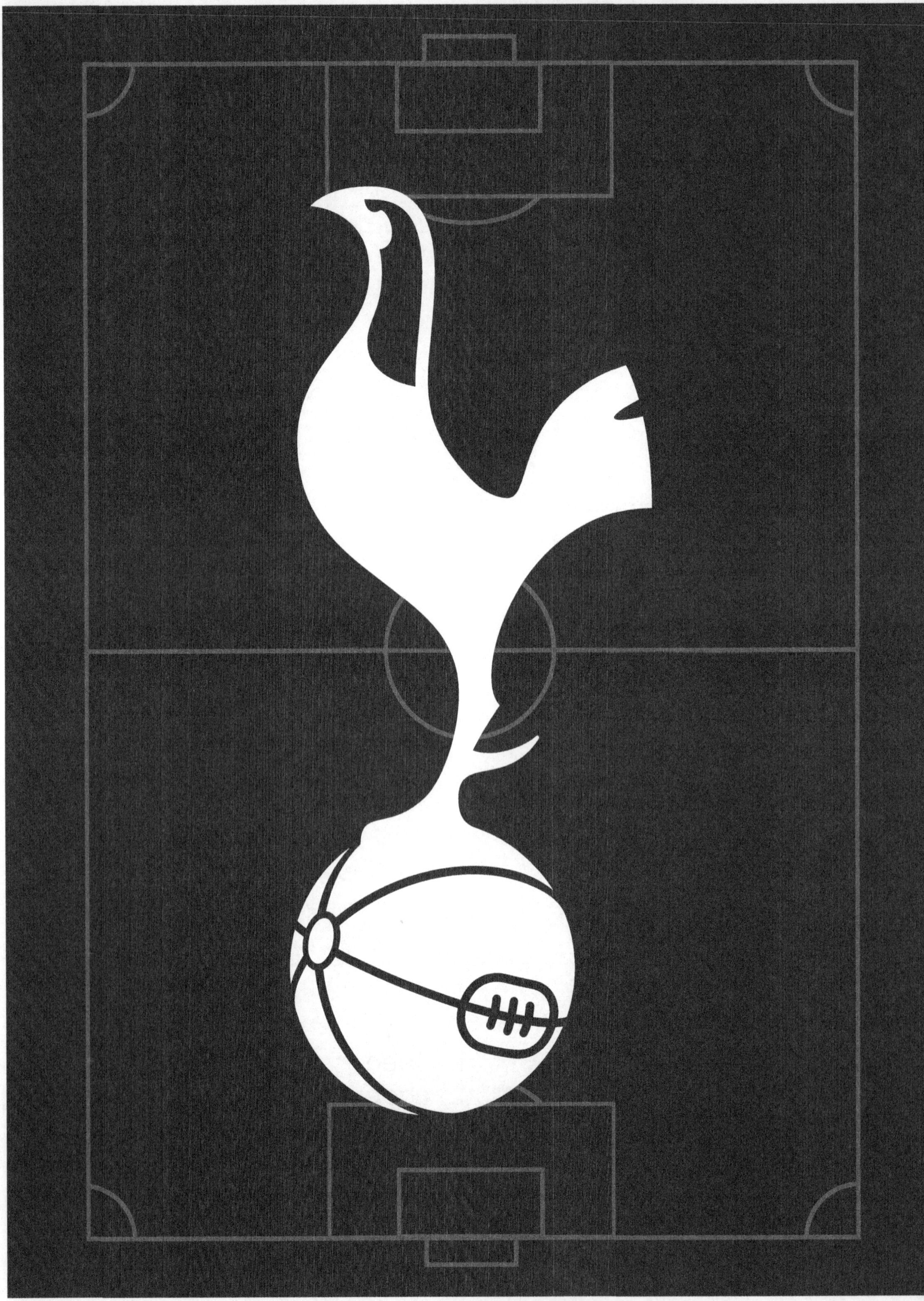

GLORY GLORY TOTTENHAM HOTSPUR - WORDS

```
D L X F J Q X W O K U Z L O Y A L Y D S
G Y R H D S B Q D I U F A A C A O J Y D
H C D O H H K E D N U U N Q O R S Y Z N
G N T J K N B R M G A M E I M R C Z J P
J M P Q S W A E Y S R G D Z E X G A L V
F M U A P P T U A M B Z E T L U O L H A
B G D N C O C C H N D K R M W G U W V I
X A X X V O C Z M V I O L M Y Z K O C Z
S M N M L H W B P C P X Q Y T C K Z D J
H Z Z P P H Z B Q P L M L R R X C W J O
L Q Y M N W P E U J S K O Z H F U A S W
X E M F G P C S Q F Z B Q F A L R S J M
M S A C P J G X P N E M X W K Z M K Y K
S X L F J F I B F U N O P M L N G E W C
X V Z R P M T C E G R F O B T H R O A N
R X H H B K Y P Z L I S D H W V P H B O
S F W T P C D V Z Y N V F A U H Z F R F
E Q O Y G Q W U Q V C M A R C H I N G J
Z T R S Y J E T C U D L B T M L T T T R
J X E J D L A T Y F X U M I T P Z U E E
```

☐ Kings
☐ White
☐ Hart
☐ Lane
☐ Spurs

☐ Marching
☐ Loyal
☐ Supporters
☐ Come
☐ Game

*Find each word separately (Example: Sol Campbell)

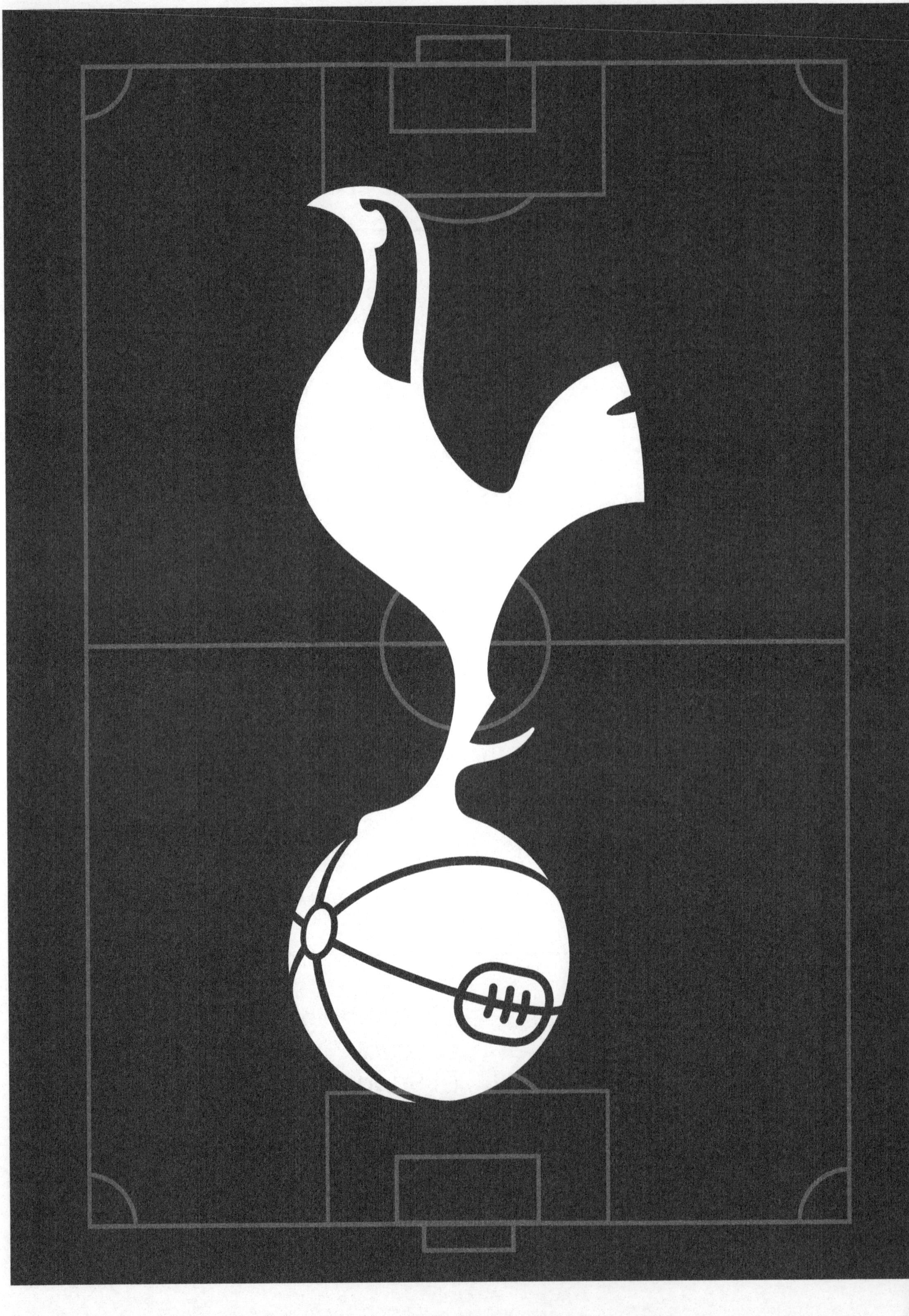

CLUB HONOURS

```
D B U Y L P A O X F T C V L R C W K C N
S K P P F G U Q F K W V D D P O G T G M
J Z H P C T Y W O Z F J U N X T M E S E
V J J M J X Y S V D V D E Q D S C Z M M
I Y C F F M A Q F W B C A B R A P V F F
F V G A L E B E E K E R N S G W W H E A
H X W I M Y B T D D Z D C G T H Q B X C
Q B D I W F A E O J T E U S L N I I N H
U C J K Y B F H B K T K Q U Z Q C E O A
A C L T N J J Y E K F A C U P R T K Z R
C H V G R E G Q Y Z U U Z U D J U B J I
J T H K I I W A P D A W C K R I L N N T
E K L A I J E M Z S K N F O K J I K R Y
R R Z M K U Q O C Q A C O D M N Q W P S
R X I L X E G V J E E P J P Q M C H R H
T V O R Z F V L P F T C Y W G X P R U I
R K B F U A F O O T B A L L L E A G U E
L D D F A C R E N Z P L V U T V I Y R L
C X F D E U X M Y S U X V V R F L Z K D
L O U U E P G R T M M A L D U J W A I E
```

☐ FA Cup
☐ European Cup
☐ UEFA Cup
☐ Football League
☐ FA Charity Shield

*Find each word separately (Example: Sol Campbell)

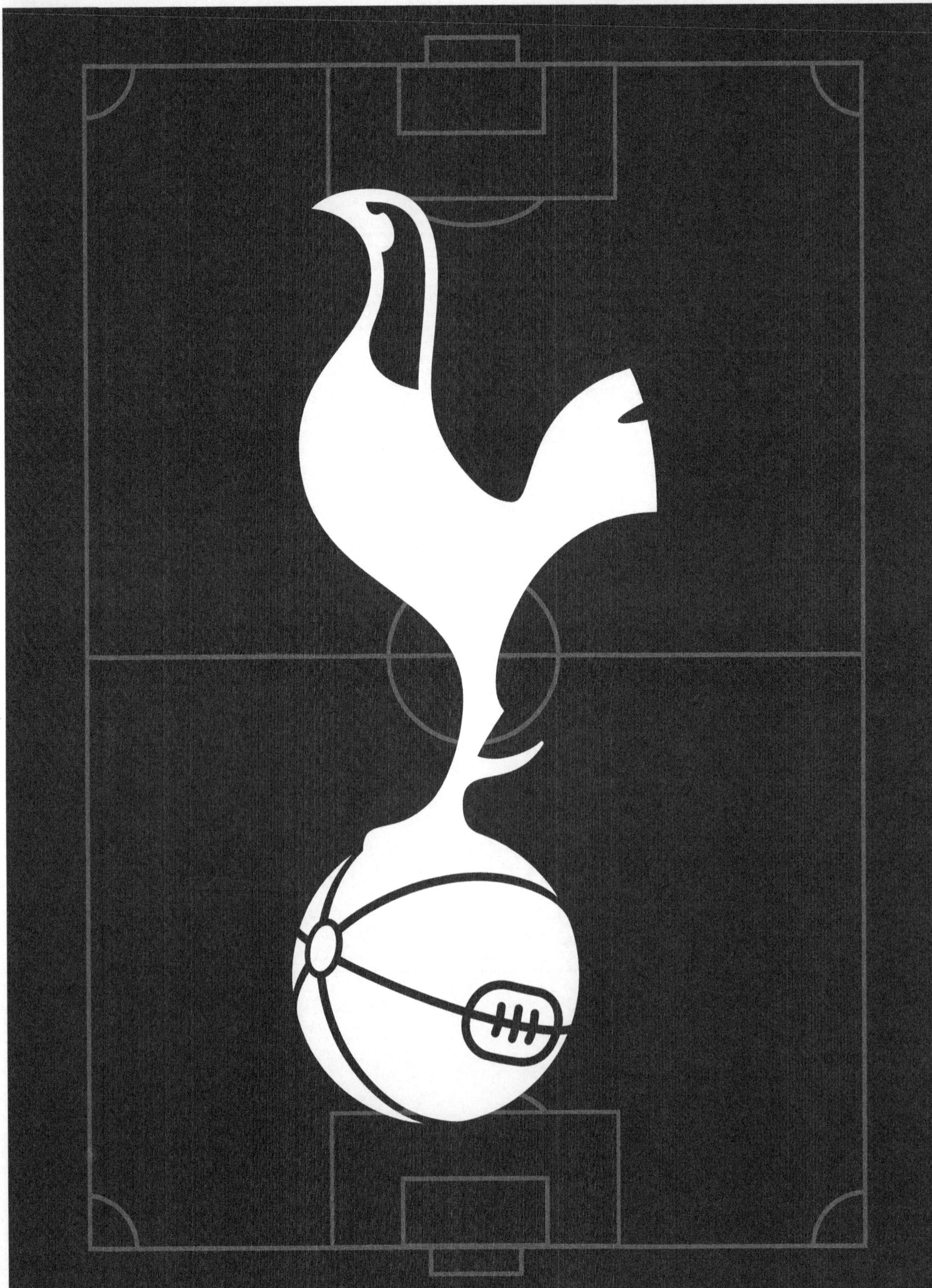

TOTTENHAM HOTSPUR PLAYER OF THE YEAR AWARD WINNERS

```
K F B H K G D J V L S O N L O O V K W C
U W S X P K G U V F V F T W M S B H R P
F T K H I A Y B C Z W G J Z A D W Z N M
D R A A I N P K Q N U Q U T B M G D U R
I K P K X Q J E L V Z Y R G B V L B W X
E P E A P F K W R I R N G A U S I E K I
D M P S C E M O O A N D E R T O N Y B F
A A Q H V N O Q U L L S N Y T L E Y T O
X C R E D F L X N L X S M G U K K M Y V
J J W R R P Y H L E I G N A Y Z E Y J X
I A X I E R B E L N G Q P S N E R I K U
O N Z N A N B D Z B R B A C B N I V O S
A D E G U P D D V Q L I U O H J D D G C
Z F W H M A V I G I B U L I V R W S O Q
G E F A W D L G I T D G U G T F I P E L
F K C M V S Y R V F N M H N E J Z S J J
X K H Z E D T H O R S T V E D T E Z S A
T G C P B C Q D P P L B Z P D Z L Z S R
D W J K U I J Y Q Z H A K D Y S F L S P
M J R F J T X W L S A T E L I O D K V I
```

☐ Gary Mabbutt ☐ Gary Lineker
☐ Chris Waddle ☐ Darren Anderton
☐ Erik Thorstvedt ☐ Jurgen Klinsmann
☐ Paul Gascoigne ☐ Teddy Sheringham
☐ Paul Allen ☐ Sol Campbell

*Find each word separately (Example: Sol Campbell)

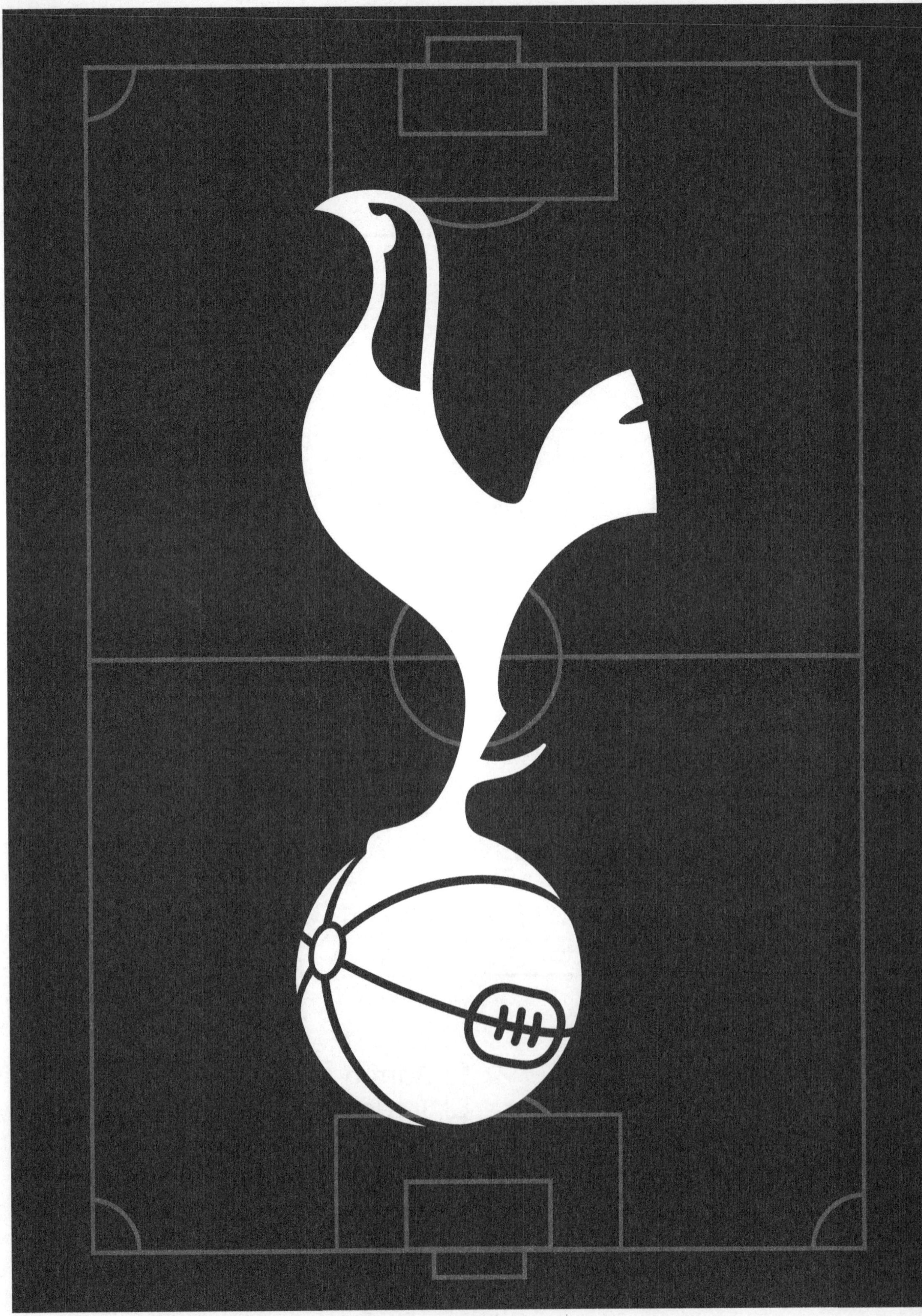

TOTTENHAM HOTSPUR PLAYER OF THE YEAR AWARD WINNERS

```
Q G D W R F L Z R V E J V G D L O Q Q R
K Y S S H V M S E T B G R K E U X Z N Q
Y V V M E I O Z I Z A H O B J Q G Q N R
O L P V B S D X L M K D T E A J E X Y S
V V Y U J G R D E F O E T H N E I L V W
E A W B D N I H F K C N A A R O N B C T
D O T F F V C N Z Y K K V N B D L Y L V
O X E S L E N N O N U I H A E F O D X P
C P R M I C H A E L L S E I R T I V W P
B R J B E N M V Y L A T B D B V W K C R
R T H F K T C O U J P B R D A D Q D G T
R I P J K E F S C E O W A D T V F V F G
U A D D I M I T A R F Z X Z O Z I W N L
C N N A C S X E R M B X I O V E B E O V
T H N O W L F P R A F Y W H U R Y D S S
D H X E X S M H V I X B M Y Y I M Q C S
L K G Q M L O E K N H G D Q F H B Z Y E
F H H X R I X N K M B M H X M F F B F O
X B R V M W R I F R T L Z A D G J V V U
B I F A K Y A J R K Z F V K B C O L U A
```

- ☐ David Ginola
- ☐ Stephen Carr
- ☐ Neil Sullivan
- ☐ Simon Davies
- ☐ Robbie Keane
- ☐ Jermain Defoe
- ☐ Dimitar Berbatov
- ☐ Aaron Lennon
- ☐ Michael Dawson
- ☐ Luka Modric

*Find each word separately (Example: Sol Campbell)

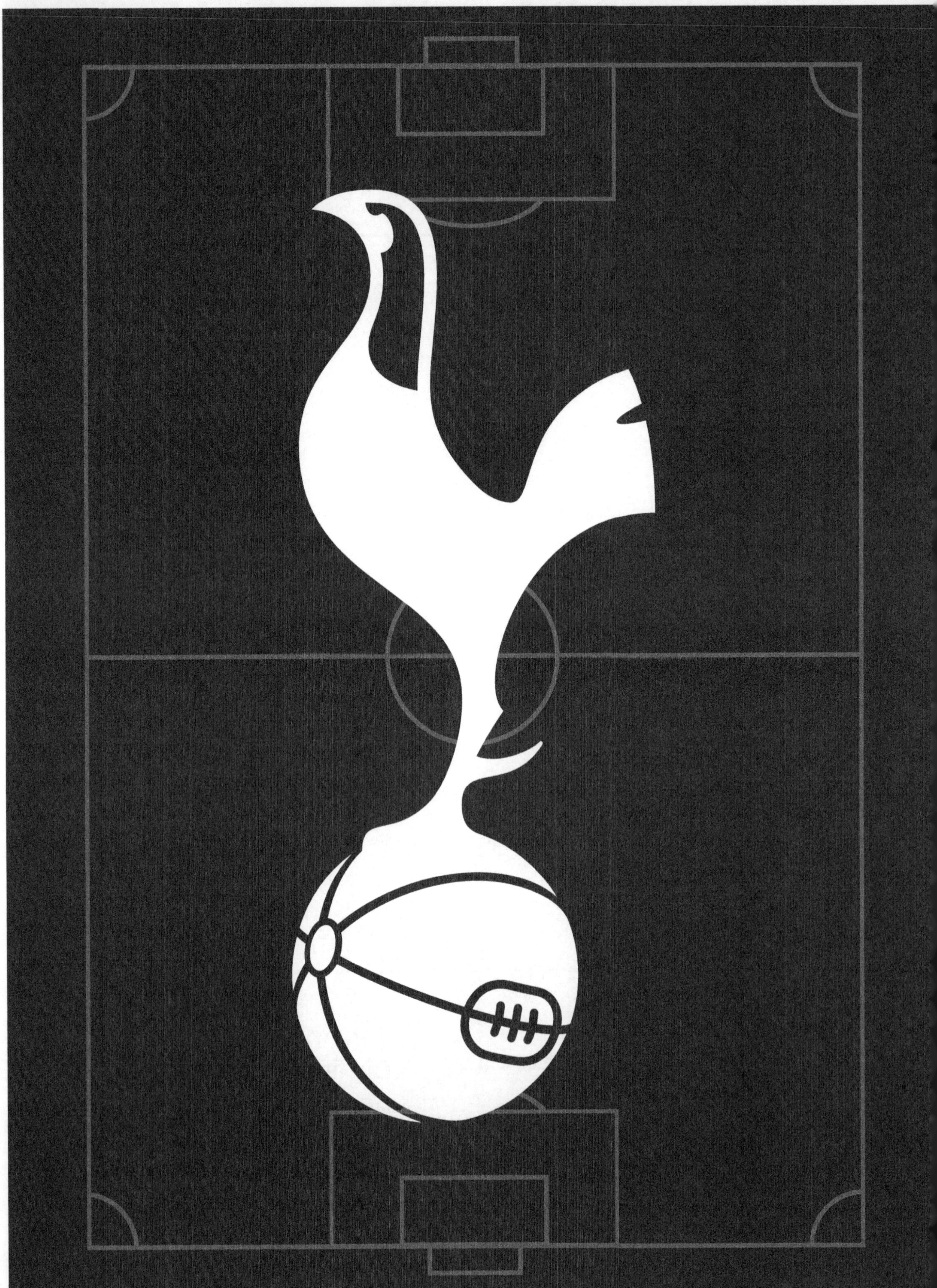

TOTTENHAM HOTSPUR PLAYER OF THE YEAR AWARD WINNERS

```
S D A Z I Q Z G S P X B E P K J I H C T
Z E I P E L L A T A D N K D M P Z D S F
P K A B W D F D X S H E U N G M I N A R
L P Y O V L V X E Z M S R M J Q B V D U
K E P W D O E G S A F I A I C B G E Z M
C V E Y U O I U B P Y H L S K P A R N M
D A D I W B O L K J P T D U O S R T R W
X L S A H V X F A T V W E K A N E O U V
N Q W Q E O B H T Z S D R K N J T N U O
E V N C F S N O O P P G W R G V H G D M
A H T Y T N C Y B O G P E O Y S P H Q T
L C Q V A S I R Y A P V I C H B Y E W V
M W F D D U Y L A B L G R H H N Q N U U
A Z M F D R E H M R P E E D C Q G W P J
U B B M R L M Z A C K P L P T B E Y B I
H C L A Q R H O J R T L D O Q I J V J R
X C H R I S T I A N S P S H O M N F B P
S T Q K E B I P N Z T E S D T N T A Y I
R S T G B D M J I A S Q X L Q S W Z V D
M H A W P M E P V E O N N F O I V L R M
```

☐ Scott Parker
☐ Gareth Bale
☐ Christian Eriksen
☐ Harry Kane
☐ Toby Alderweireld
☐ Jan Vertonghen
☐ Heung-min Son

*Find each word separately (Example: Sol Campbell)

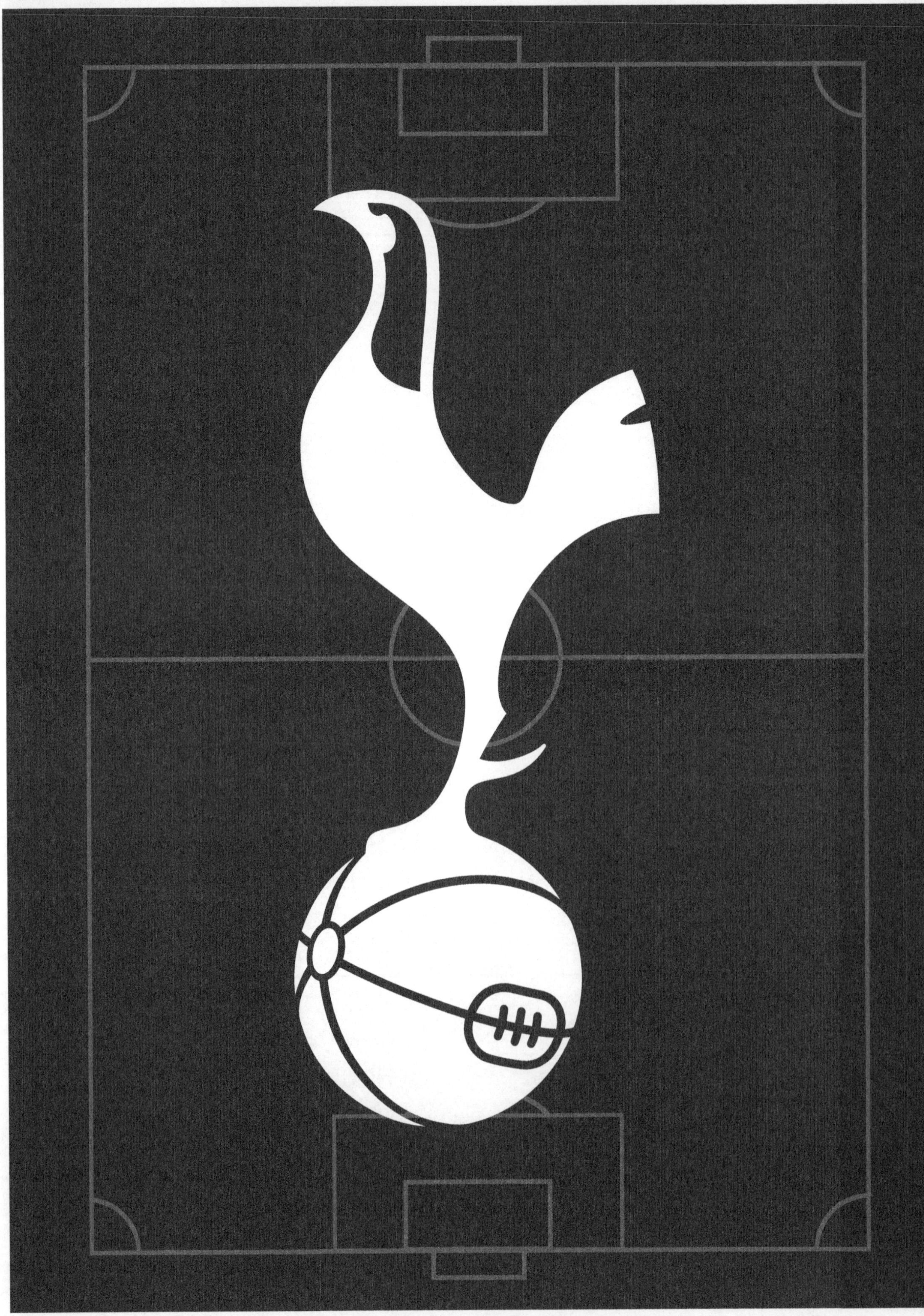

PREMIER LEAGUE APPEARANCES

```
L U H Z V A Z V L C L H T Q A B F J P O
F A L L C D M K M V E I N X W Z I Y G A
T S Z D B A C R M L A D N N Q F W U Z J
E W J P N A G T X A J X Q S D C H E P X
F X K K A L Z Y K A N E L S I D E R V X
S A A Y T E K C M R D D U R G I U E H O
V I A I Y S Z Y O O Y D E F O E N D D K
J R B H P Y Z R X N Q T J R A R G F A U
T T P E W E K D C W S S I X T E M S R B
L Z Q T A L L V F I A O O E P O I H R R
F P Q H S Y G E Z U H L E N N O N A E G
Z N Y P L G B V C Z V E K N T T G R N E
J I Y K L V R O A T X N I E B B E R G M
W M F I O E N B M X M A N F R Y G Y J Q
V A W X R A D N P O M Y G G O Y P R G P
L O F W I O N L B R Z S N K T D M V S L
P H X X S X R E E A Q S N P X G S W V H
B R T K V D W J L Y I I M H J C C O C J
I U I S U K F G L W Z J V G R W I E U B
S E M T B O I R S G P L B U X K B M O H
```

☐ Hugo Lloris (361)
☐ Harry Kane (317)
☐ Darren Anderton (299)
☐ Jermain Defoe (276)
☐ SON Heung-min (275)

☐ Eric Dier (270)
☐ Ledley King (268)
☐ Aaron Lennon (266)
☐ Sol Campbell (255)
☐ Ian Walker (240)

*Find each word separately (Example: Sol Campbell)

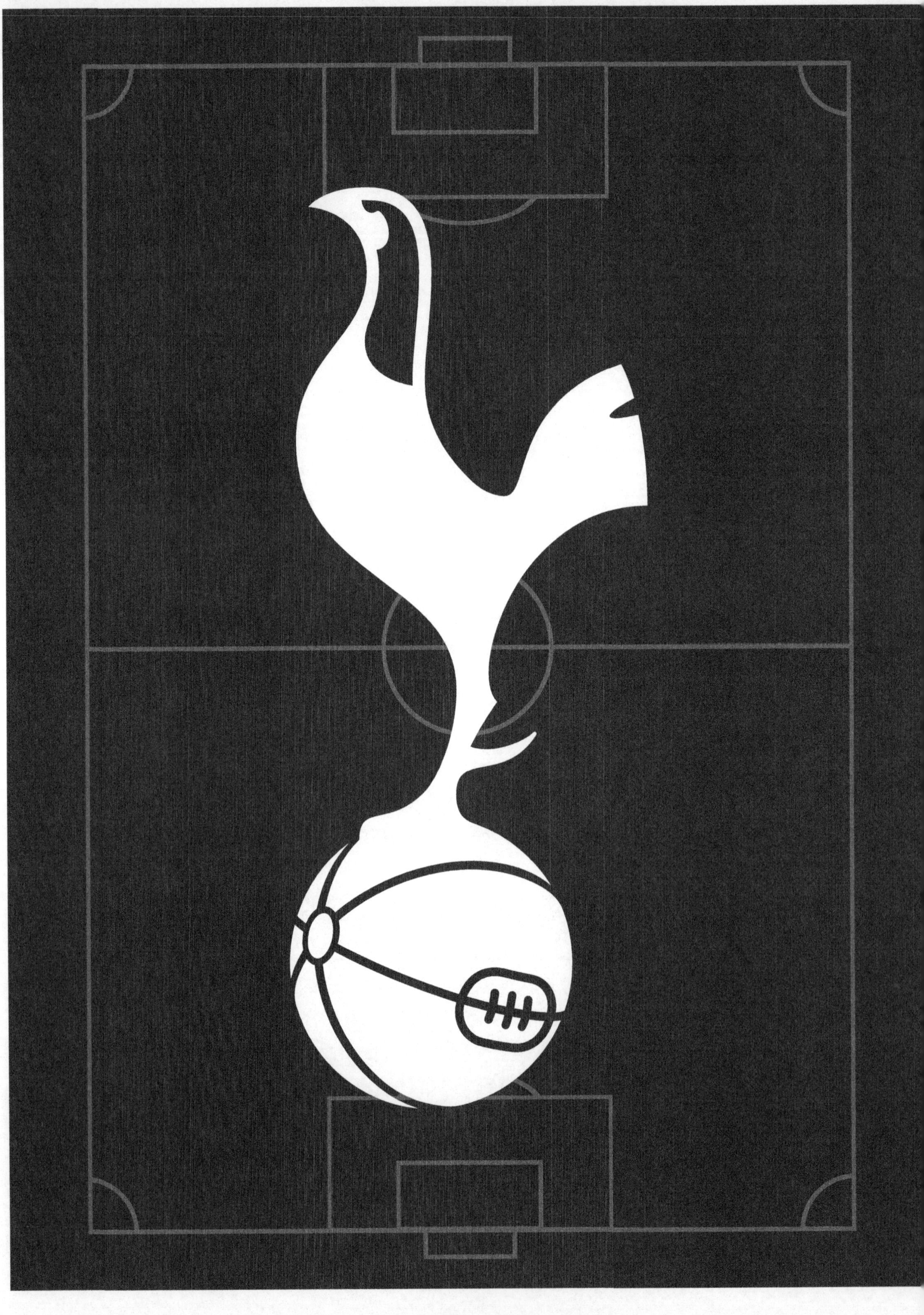

PREMIER LEAGUE HAT TRICKS

```
J K W U K D K W I S A X W X D D X Y Y X
Z Q P Q O L F W N Z D W W I W X S T I H
Q F V L E V R B R E J Y D B P R T U G F
Y Y O I I P D A A O A G L D Q R H T V D
L S T D R D T A Z U G Q D C M N J I C X
M W B K V I J D A Y Y U M K H X X R U M
F U W L M E H E Q I T X X D Z Q H I F W
I H K I X Q C T R F G M K Y T F L R A E
O F D N T E Y F S M B F K D V Z E F B C
B P J S K R P O S C A V E Z B D X U E S
R H P M R C U Z D E O I A B R V K Z Y F
B G J A W O R P C T G K N P V D T C C V
G B H N L D B R A K A N E O C G D Y K I
S T E N T E T B A X O O Y M C P A E N Y
W J B Z W P R I I N F U N M D C T T F U
O J U R G E N R L E C Y A C E H H P I O
R J P I B G P I D I W E V F K F N T L F
S X U M N C V X I Z U P H T F F W C O U
M E W L R M P X O U O L V C W L T E W N
M J G J O G X C Z E J K E Q T O A J V A
```

- ☐ Jermain Defoe (5 goals scored)
- ☐ Jurgen Klinsmann (4 goals scored)
- ☐ Dimitar Berbatov (4 goals scored)
- ☐ Robbie Keane (4 goals scored)
- ☐ Harry Kane (4 goals scored)

*Find each word separately (Example: Sol Campbell)

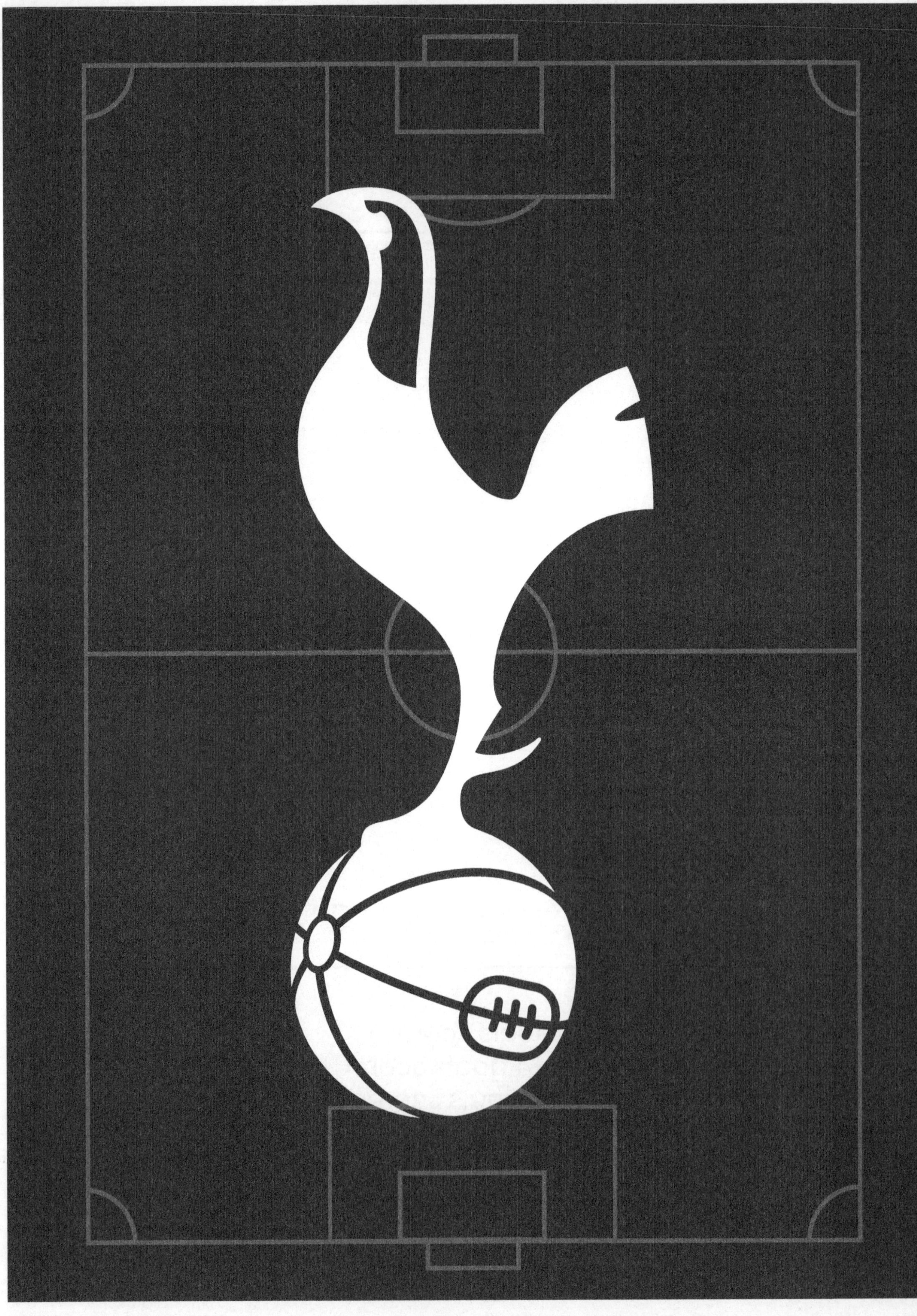

ALL TIME – YELLOW CARDS IN PREMIERE LEAGUE

```
U J J W T L B N W I O I K U G J K G Y R
U M O T K N S F K B F M I C H A E L E L
A P C M N U A G R M S X S W V L F I T R
P A J H O U F Q Y I A G Q M Y D D R X N
T I H S P J A H I U Q A N K J A A R N L
T L E B T A H G X V S F K V A N R F G U
J C W L Y A R J A G A W O P N N R L Q N
V X B M W U L A M E L A S A E Y E A V T
Q U W M O K F E O Q Z L U F K N N S T U
H R H J B S P Y E U Y K F Y O O K V K D
H A O E T M E K H C W E R D T V D Q Y E
B X T I O K P C G N T R N R J P H P E V
O Q D N D O A V N S A U E R I K X C Z W
T V N V U N M C C H E D I N B U R G H O
W L M X F C P C R R N R A X B H M N L A
M X Y V R H P F F A O M I W S W U N C S
S M B G C Q R V T Y U S K C S B V M J A
K T A P V E R T O N G H E N E O G X P V
G L N G U P P F I U K J U S T I N G J K
V C F X W X N K Z J V K U B C O G E R G
```

- ☐ Michael Dawson (41)
- ☐ Danny Rose (41)
- ☐ Eric Dier (40)
- ☐ Justin Edinburgh (38)
- ☐ Harry Kane (38)
- ☐ Jan Vertonghen (37)
- ☐ Kyle Walker (32)
- ☐ Darren Anderton (31)
- ☐ Erik Lamela (31)
- ☐ Steffen Freund (30)

*Find each word separately (Example: Sol Campbell)

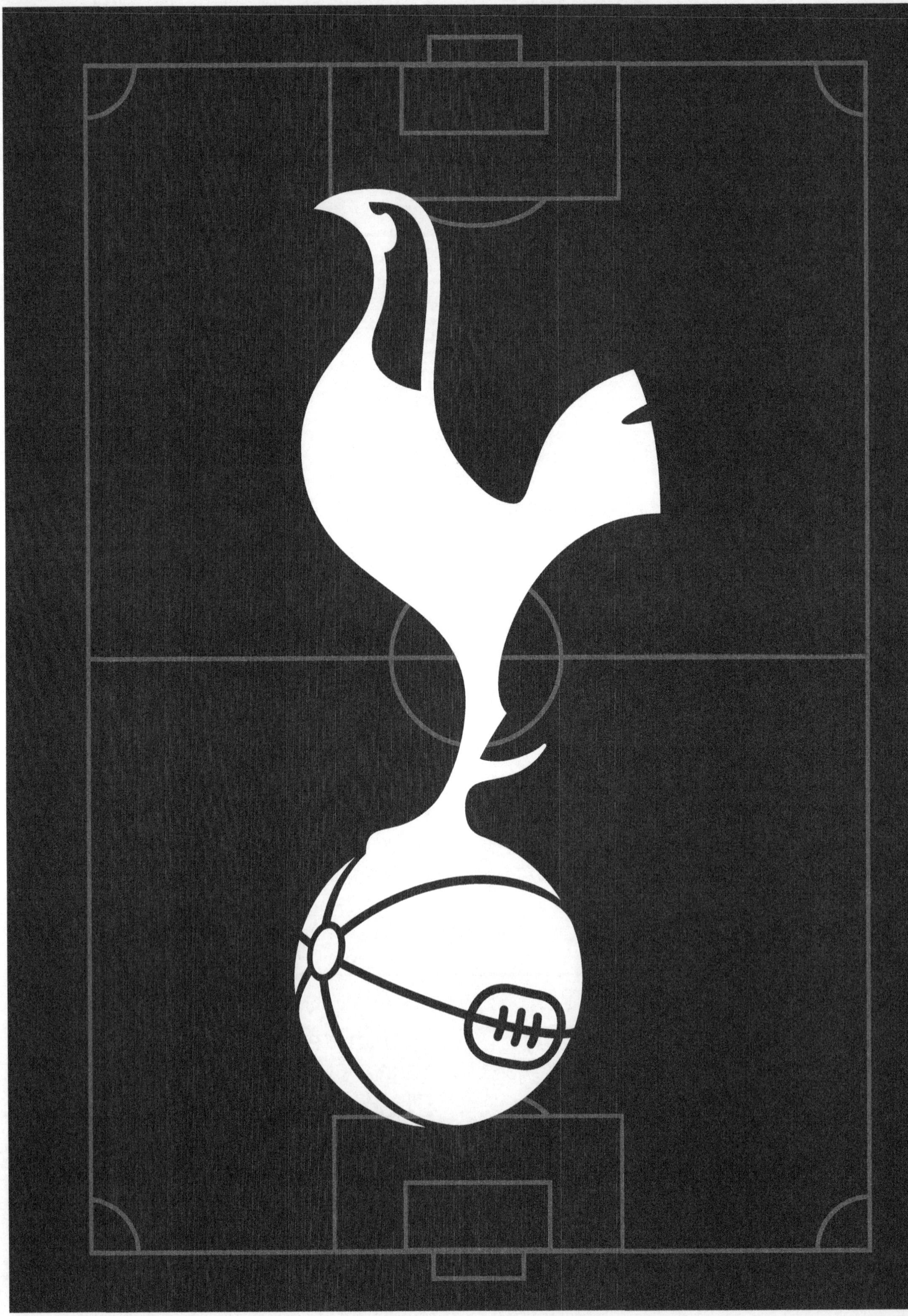

ALL-TIME SPURS WOMEN XI

- ☐ Toni-Anne Wayne
- ☐ Ashleigh Neville
- ☐ Samantha Pittuck
- ☐ Jenna Schillaci
- ☐ Siri Worm
- ☐ Jess Naz
- ☐ Rachel Furness
- ☐ Josie Green
- ☐ Bianca Baptiste
- ☐ Wendy Martin
- ☐ Kit Graham

*Find each word separately (Example: Sol Campbell)

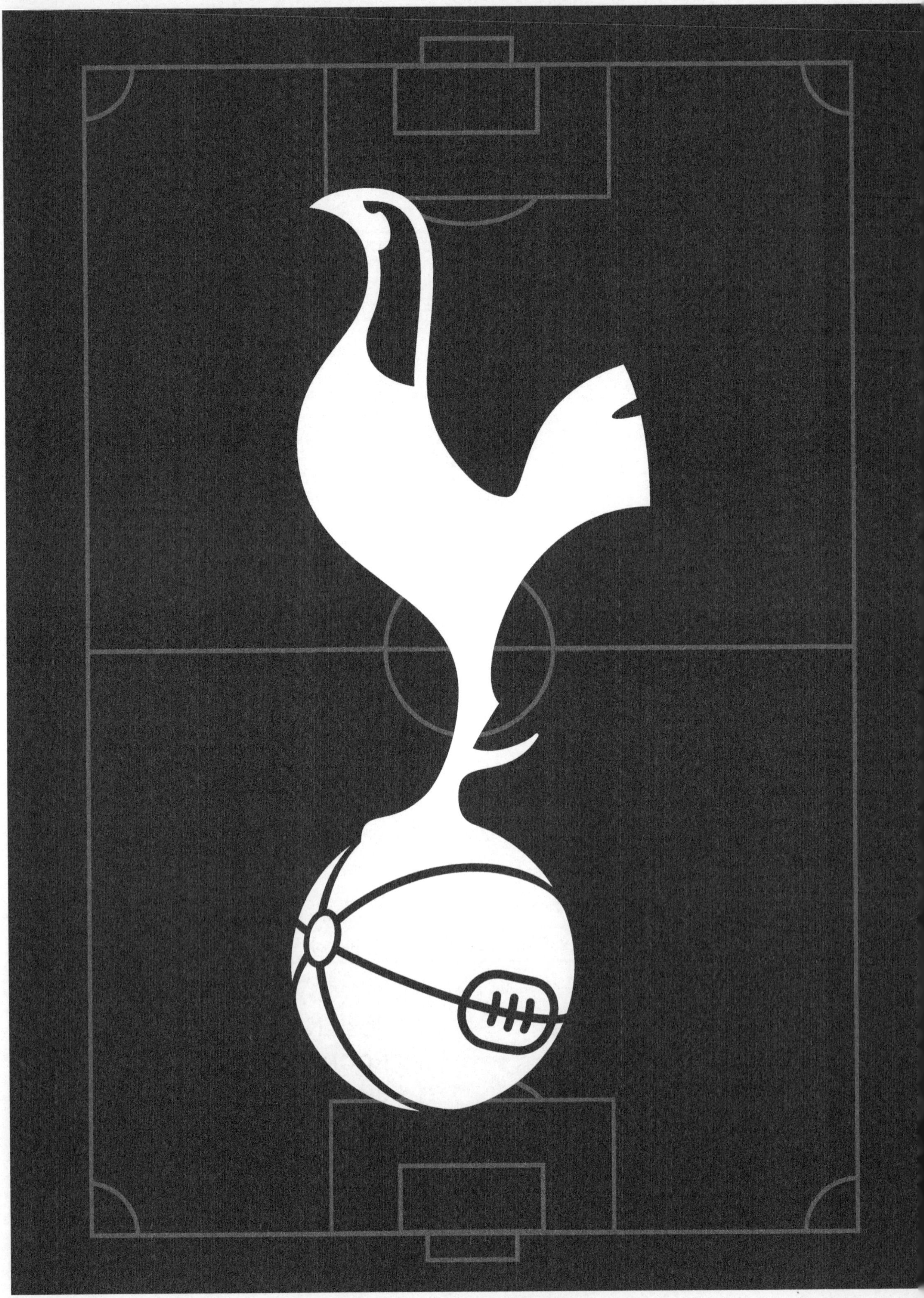

HEAVIEST DEFEATS

```
S H F D C V B W O C U J E Z F L V V F D
B H T K A B E F T A O N L Y N P U Q Y C
K M D C X I V J M G N Z F S G K O V C A
R V C N N H Y G M Q Q F X C S P E Q M S
G U T N M O I S S C A Z O H X L P K P O
Q K O X W P I C N C A Q C G X I K U X C
N E W C A S T L E U N I T E D P B Y Y F
N J P R Q Z O R D F N P C W H R X X X D
M G S B W K D Q E U D N M Y V O P S E B
N G Y R D K W L M R U M T C C Z E R X M
S M L N M B M N W D Q N J B N D D Q K Q
Y M J V V P R E I E U B A O H D Q C A R
P Z L I V E R P O O L U X E H G G B Q H
I Z M P Y O S L C D W R V I D X K V P I
G K K A D L A Y K W B H C P P N O A V C
O Y B T K F B Y E A T Q Q Z U L Q X V F
X F N L F R R R E B G B H U D B I G Q O
W E L Z E K H T G B N Q Y R S J D Q O C
T C T D B X X Y L W M Y L E Z I Z B L F
D E L L P R L H J P L A L T E X M D C O
```

☐ Newcastle United (1-7)
☐ Derby County (2-8)
☐ Liverpool (0-7)
☐ Bayern Munich (2-7)
☐ Koln (0-8)

*Find each word separately (Example: Sol Campbell)

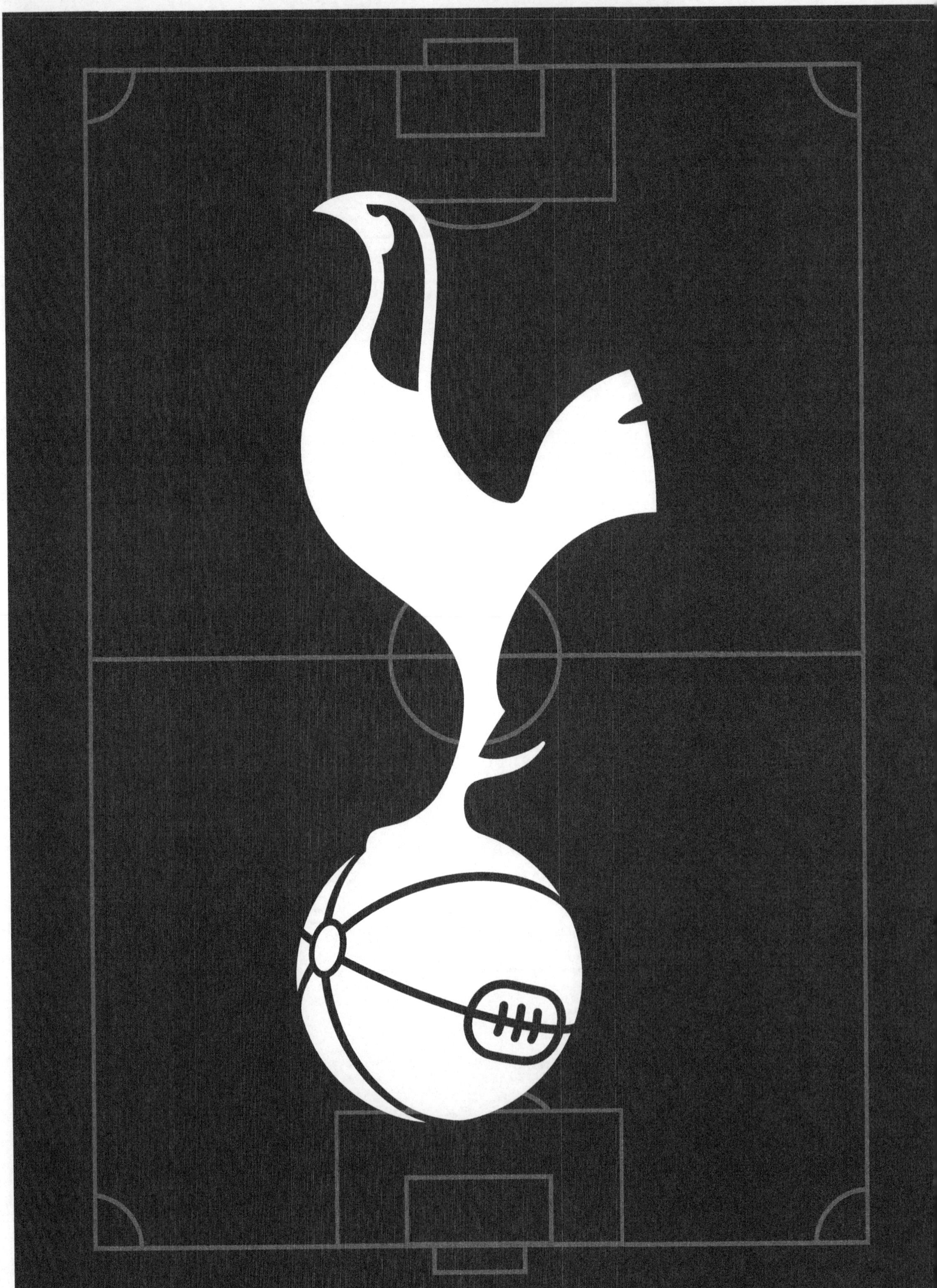

UEFA CHAMPIONS LEAGUE OPPONENTS

```
T H R Q P R O L G L V X V J D Z E U T K
W V C U N C W D J Z Q S G X M T P S T F
W X T T D B G V G W E P M J C X F X D N
V L B G U D R X W K K M A N O Z C J Q L
A V A X N V B F X V O O S O G K A L V M
Y C A K I Y V L R O Y V T W E N T E C V
W G M R R V N O L T X T C H O V R X U D
C D Q I K Q A N B B B E N L D H C S T S
M W O O L E V E R K U S E N Y H B F C Q
G R Z U T A U V S Y E C U L P R E T L M
H G Q R J O N D F B R M I F O E W P F N
J B A Y E R G K B A T H N K S L J T O G
W F K V E I M U B R U Z T M Z X C W O S
O G O D C P N F O C H X E I K F W M N E
H P R Z X I V D U T B O R U S S I A R B
U E G B K J H F H S P R M E E F U D R Y
W B U X M O N A C O S M I M A C P R X M
I R H C Y G W T N W V A L U Y L B I X O
A E N F I Y M Y A V O E A X I G P D M X
U S S B E G M B R E M E N U K R Y Q D C
```

- ☐ Werder Bremen
- ☐ Twente
- ☐ InterMilan
- ☐ ACMilan
- ☐ Real Madrid
- ☐ Monaco
- ☐ Bayer Leverkusen
- ☐ Barcelona
- ☐ PSV Eindhoven
- ☐ Borussia Dortmund

*Find each word separately (Example: Sol Campbell)

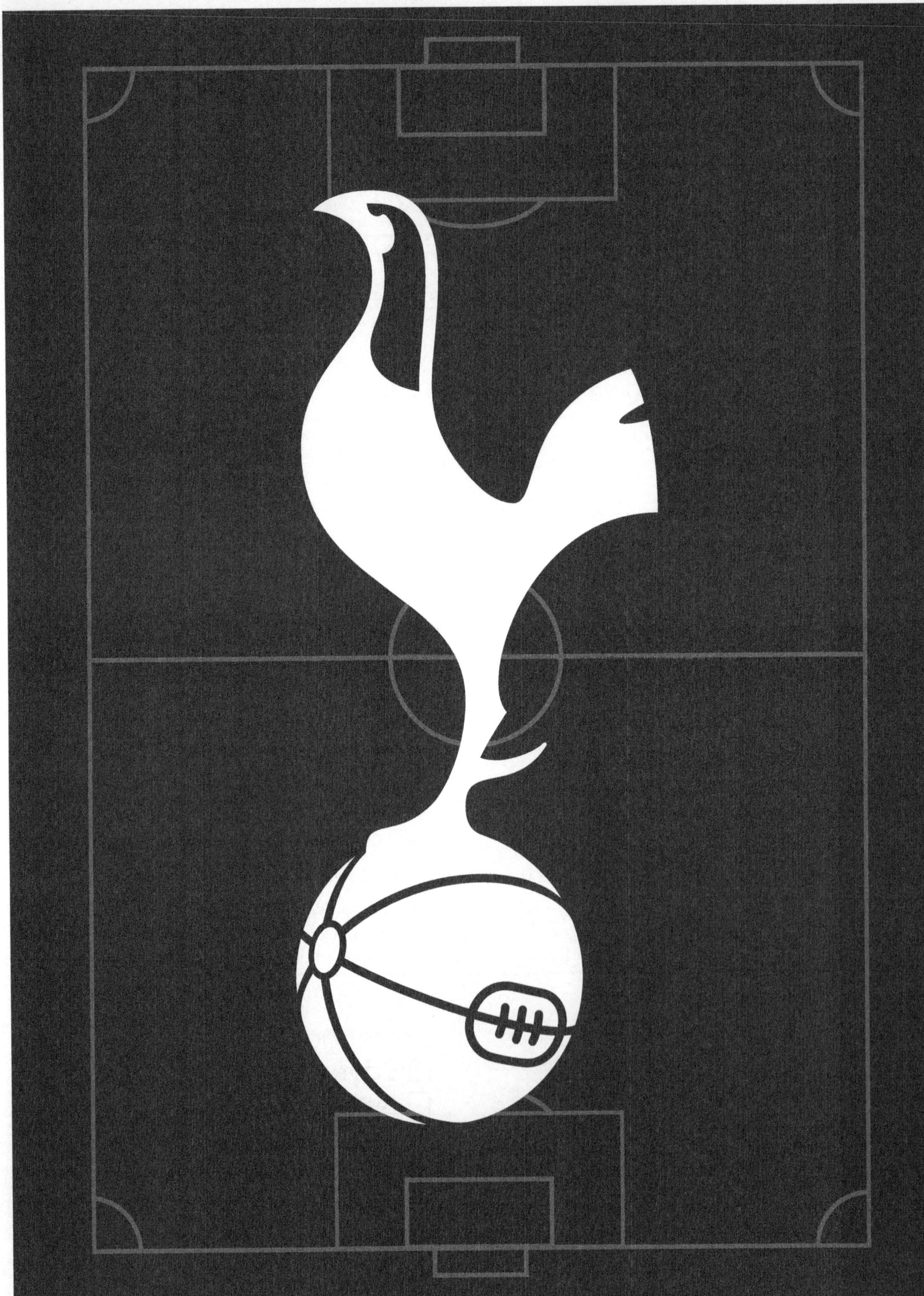

UEFA CHAMPIONS LEAGUE OPPONENTS

```
H I O W F A H N D A P D U G S Z M D P V
X N M F U R G A B E G I Y S V E Q R Z Q
N L M E O M Q N J J R A Z W V U V J B O
U H L Z U G F B K L N J U D M Z I L A I
R H A S Q S N F O L Y M P I A C O S I B
X B J G P L W O G Z N F R A N K F U R T
J H G P D V P A E I N T R A C H T W W A
O J T N R R S U N B S T A R H Q T M O Y
E D J E E C P E S C M A R S E I L L E C
L N Y V J A O L P V R J Q J S D H E N O
H W I P V X R V P G B A C I T Y D U J C
L L T R Y R T D Y M X X I G E A O H T C
L V C V F Q I Q P C I M T J R V H M F L
D A X Z V D N T Y F J A Y G Q A H H C U
J T D F P S G L W R R B L E I P Z I G I
L I I M A N C H E S T E R R Z R V K G V
D P R J X A P H Q Z B B A F G A X S B G
O I M D E V H P X S B Y F W A H R U C U
H O L V X P H G C H T G P O W Y J A L W
B H D P O A W E E Z J D Q H Y Z X Q F O
```

☐ Manchester City
☐ Ajax
☐ Manchester City
☐ Liverpool
☐ Olympiacos
☐ RB Leipzig
☐ Red Star Belgrade
☐ Marseille
☐ Sporting CP
☐ Eintracht Frankfurt

*Find each word separately (Example: Sol Campbell)

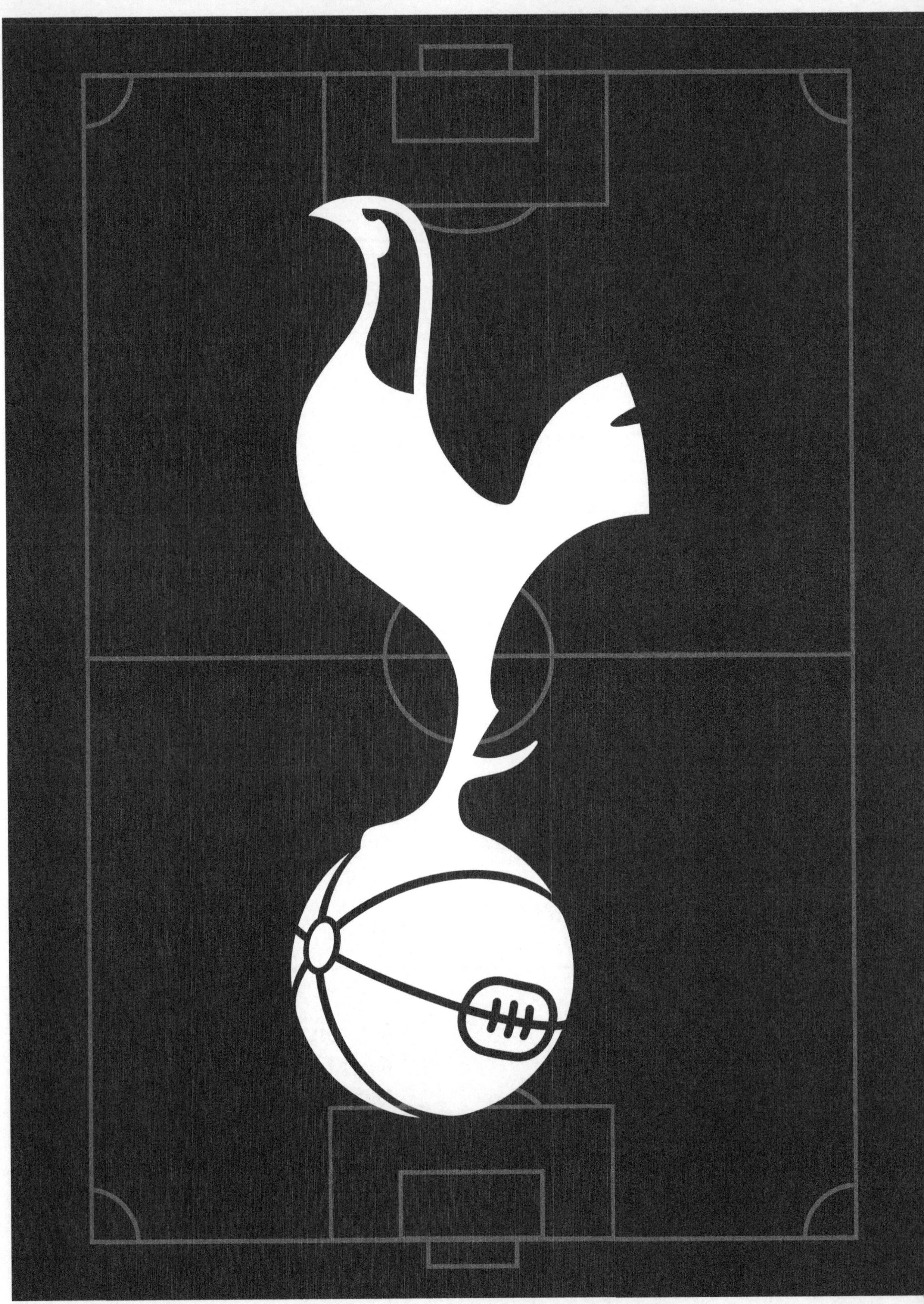

UEFA EUROPA LEAGUE OPPONENTS

```
F O A O X O O P H U A E O E O B N H Z R
R V J V H A A I B V E Z Q I P B J Z C O
N N A V U E N O H A I F A X P U M W T H
R O C R U K T E E G X F R G A N U C M L
C E F L M Z W T Z V X Q A U R X N N L H
N N U N K G E N T P O X B J T E H P U I
A C C F I O R E N T I N A M I S B I R I
V R U C W W P T K H S J Ğ U Z G G O R X
S O Q O D R E L A S K F N M A C C A B I
X O S K V F U O O Z S W A K N N T V N C
O G A B T N L K P V A T B U S Z P X I Z
F R W X D A H O O S D D Q N E V V A A C
Y F L E A H V M V L S I E A W K M F T P
V F R C Z U E O U U B N V V Y G T R X R
S X V E K B B T R H C A O W G A Z B F E
V S H K Ë N D I J A L M V F Q Z F N T Z
N M L I Z S U V H Y L O L E P K S S Q Y
O B W X A O W L W N G V Y X H C E V Q F
X N F R C U T Q V L M Y J H Z R C Q L X
M N W H B D M O X N G X C K B A V F U G
```

☐ Lokomotiv Plovdiv ☐ Dinamo Zagreb
☐ Shkëndija   ☐ Gent
☐ Maccabi Haifa   ☐ Fiorentina
☐ LASK   ☐ Qarabağ
☐ Antwerp   ☐ Partizan

*Find each word separately (Example: Sol Campbell)

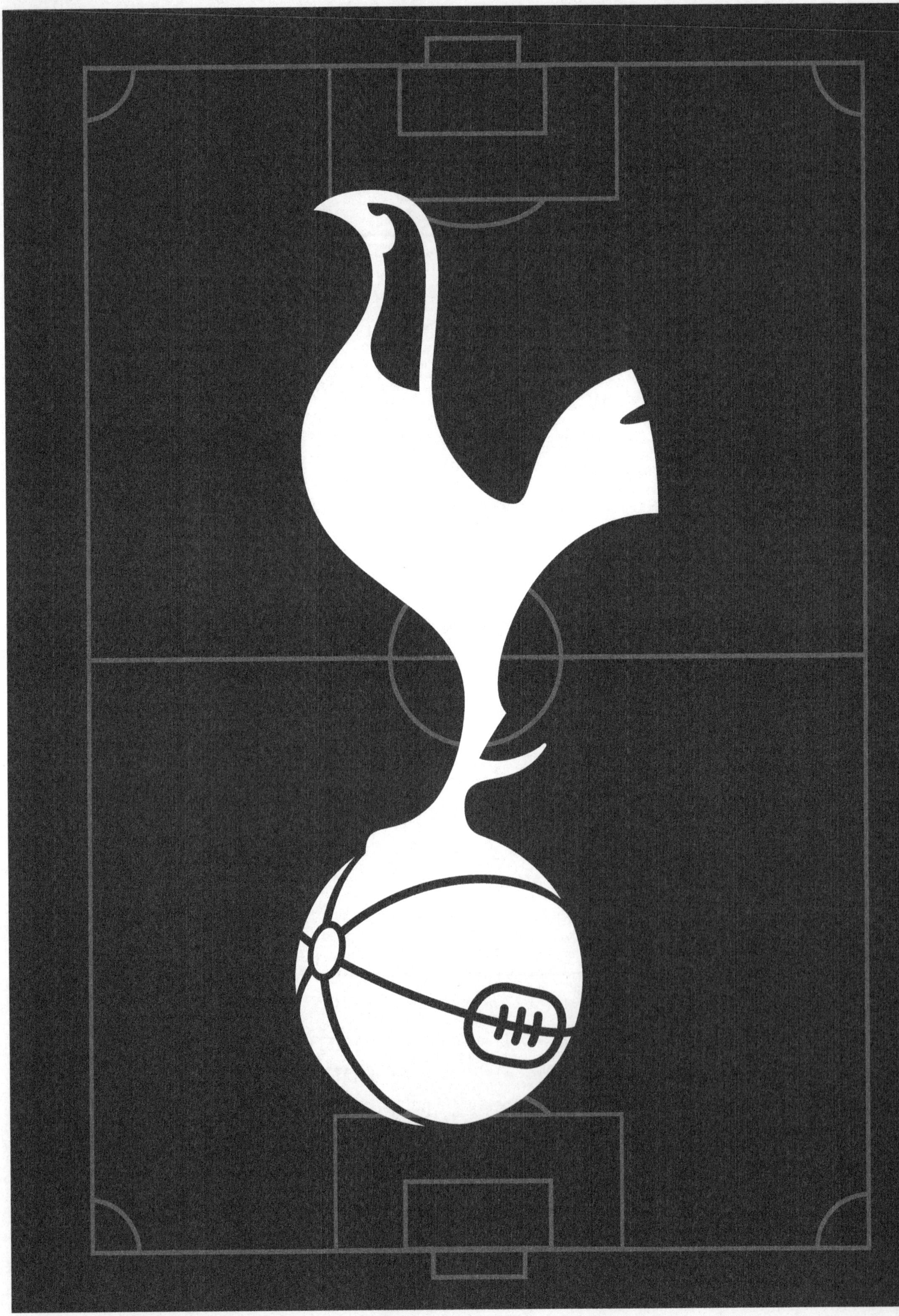

UEFA EUROPA LEAGUE OPPONENTS

```
P F W F L T B I L I S I V A S S Z O C T
R Y Y E A N R W Q Q S B A J H L X W H O
L F B L R M A I C J K F B X E C N A L E
R N L Z Z A J X P D W W A T R O M S Ø X
D K L D W S G G M O E Y D O I M A L O U
Z N I A T E U C M G L A B B F U S J E F
J M B R M Z Q H Ş E L I X F F J T M V M
O U C D I N Z A E Z R Y Q S I Q E Q S E
M D Z T U A T I R A S P O L J X R H A W
B V W Z L K P Q M T M K H N R B A S E L
F V S J I H B A D I I Z P A K C S J T A
A M E Ş X U D I N A M O D M M E I Z F Z
T A E X F X U X N E A L S I W D S W L I
V B L X B V Q I G H J X C J G F Z C V O
K H C J D P H E E T P U W A Q L P B I X
C D Y K Q T Y N X V V U G T G B T K U B
S W S X A C A M K J G R U E W B Z R L X
L K P N R J J Y J B Q Y W A U Z Q B J G
W J A E O D Q E B P J R G K I M I Q C E
J P N D R L T L K Q Z F F A P L P O G W
```

☐ Beşiktaş
☐ Asteras Tripoli
☐ Tromsø
☐ Sheriff Tiraspol
☐ Dinamo Tbilisi
☐ Lyon
☐ Maribor
☐ Lazio
☐ Panathinaikos
☐ Basel

*Find each word separately (Example: Sol Campbell)

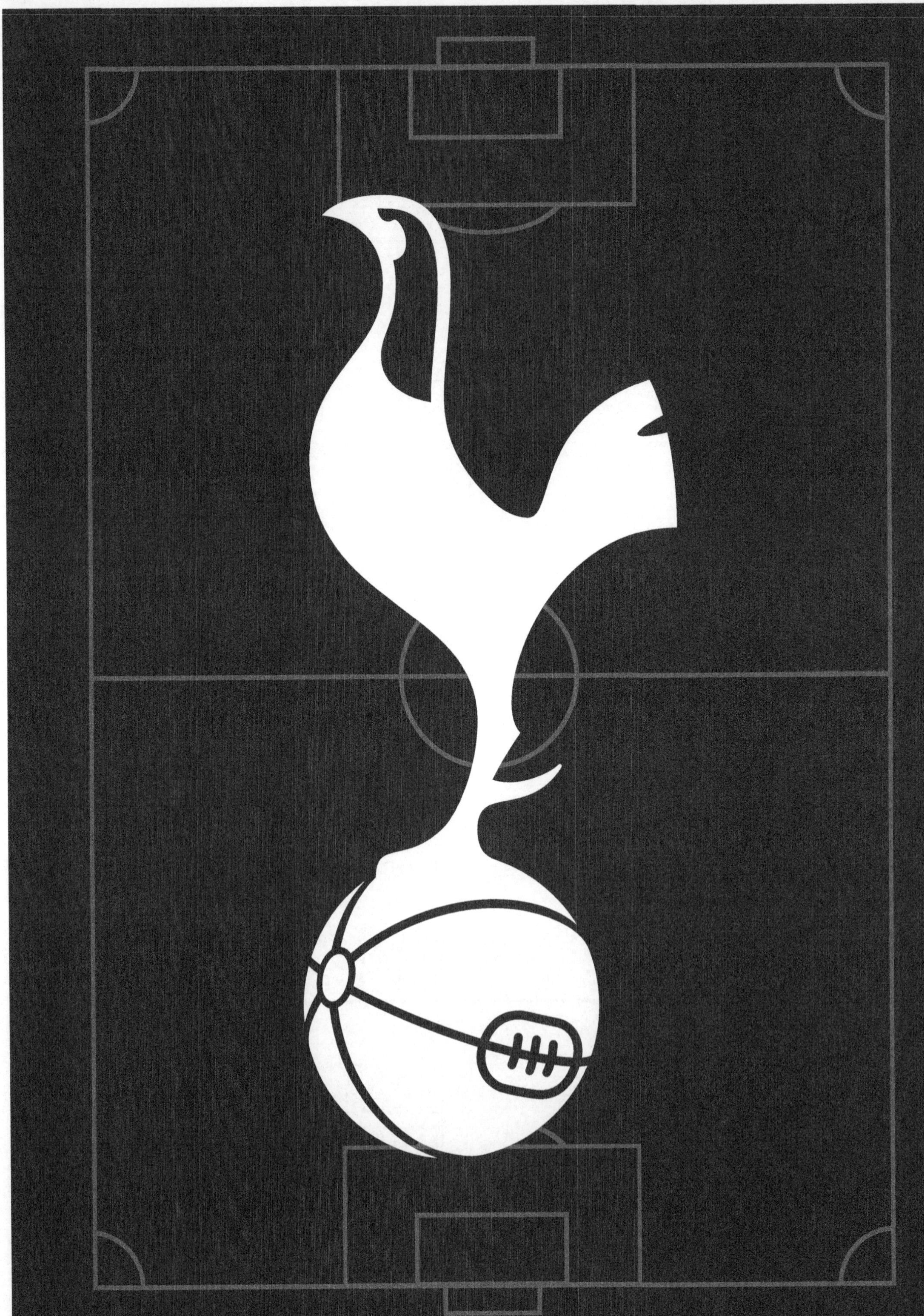

UEFA CUP OPPONENTS

```
I F X U C C G D K S U C E N A L Z Y E F
Y H K L R E S F W W C C I P H W G U Y N
Z R M H X A H Q U S B V P B G A V M D X
K A H O Q R T O F D F F A Q F G V C O Q
X C K D U H N H I G B U R A D Y K Y R F
G S K R N W U Y V Z F S Y M A I P E U J
E M G Z C L O Z M H W X L I K E R T Q Y
M O L I A I B W E A V D I P G D H A T M
K O B H U M R N D I R H P R C V Q W O W
W Q B X Y U U P K O Z Q C A Y Q T D I Q
S G E O Q A G S O B X F L G S B G C E F
M S H L G K G N S V O L U U M E S U L X
V V H A P O E L I P I M B E S P H D H L
C J R R Z Y F V E V O D R E F S A I H U
L B M G E T A F E Y D O N E T S K L S X
Y D U F K L D S L A V I A T W G H I T D
X Z R C E V U S C H D V P X G B T C P A
J C O T D L J N Y U P H V M H I A U Y C
V J Q S Q R F J K C I A A L B O R G B K
G N I A D W W F E Z L Q D D G M X P Z N
```

☐ Slavia Prague
☐ Club Brugge
☐ Feyenoord
☐ Braga
☐ Sevilla
☐ Getafe
☐ Hapoel TelAviv
☐ AalborgBK
☐ Udinese
☐ Shakhtar Donetsk

*Find each word separately (Example: Sol Campbell)

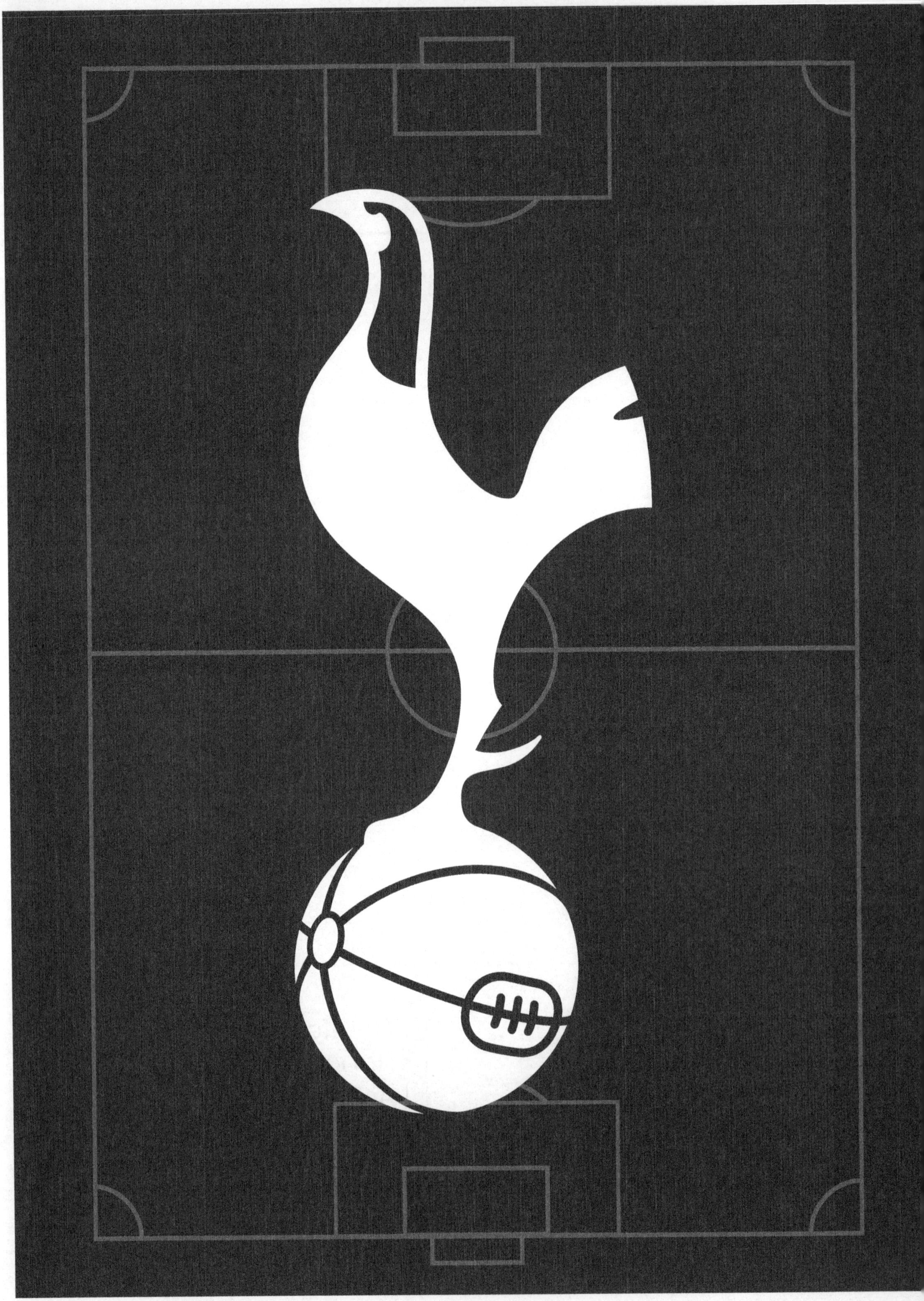

UEFA CUP OPPONENTS

```
F D X T M H W S T J C A D C U N W L T T
P W P G P B K N E V I H H W A P K U X I
H I D G V Y P I O R H J I F L P S B V C
F M Z N W I Y C T A K A W Ș J O S Z Q O
D L P J B Q R S G M B I J T I G P V P E
N E H X U K U L Z E D U N D I N A M O S
Z Z Q F V A T B U P Q G S R U E Ă W R I
B O H E M I A N S N H J I O H K Q U T J
T U B F L S B H O R I T S G T R M K O F
G C Y P H E M A K C Ș T X H F A F Y U Z
L P S N B R S J O E U A E E S Q U Y C O
C I P X E S V D R N Y T J D A W W N P U
L O L U W L H U G O F D F A Q T W K R F
J H I N O A C K I N V X D B D H B B A S
G N T E V U B J M Y U M R N I Z M C G H
K Y C S B T J B N I N Z P Q R I V D U N
Z M L U C E R N E N W R L Y Z V B T E L
N A W V F R V V V R E E J I E A V I I B
T V H Y J N R A V C K V L D B Z W Y O M
L S U U V V E Z V D E S R P P U I X D O
```

- ☐ Hajduk Split
- ☐ Porto
- ☐ Lucerne
- ☐ Drogheda United
- ☐ Austria Wien
- ☐ Hajduk Split
- ☐ Bohemians Prague
- ☐ Kaiserslautern
- ☐ Zimbru Chișinău
- ☐ Dinamo București

*Find each word separately (Example: Sol Campbell)

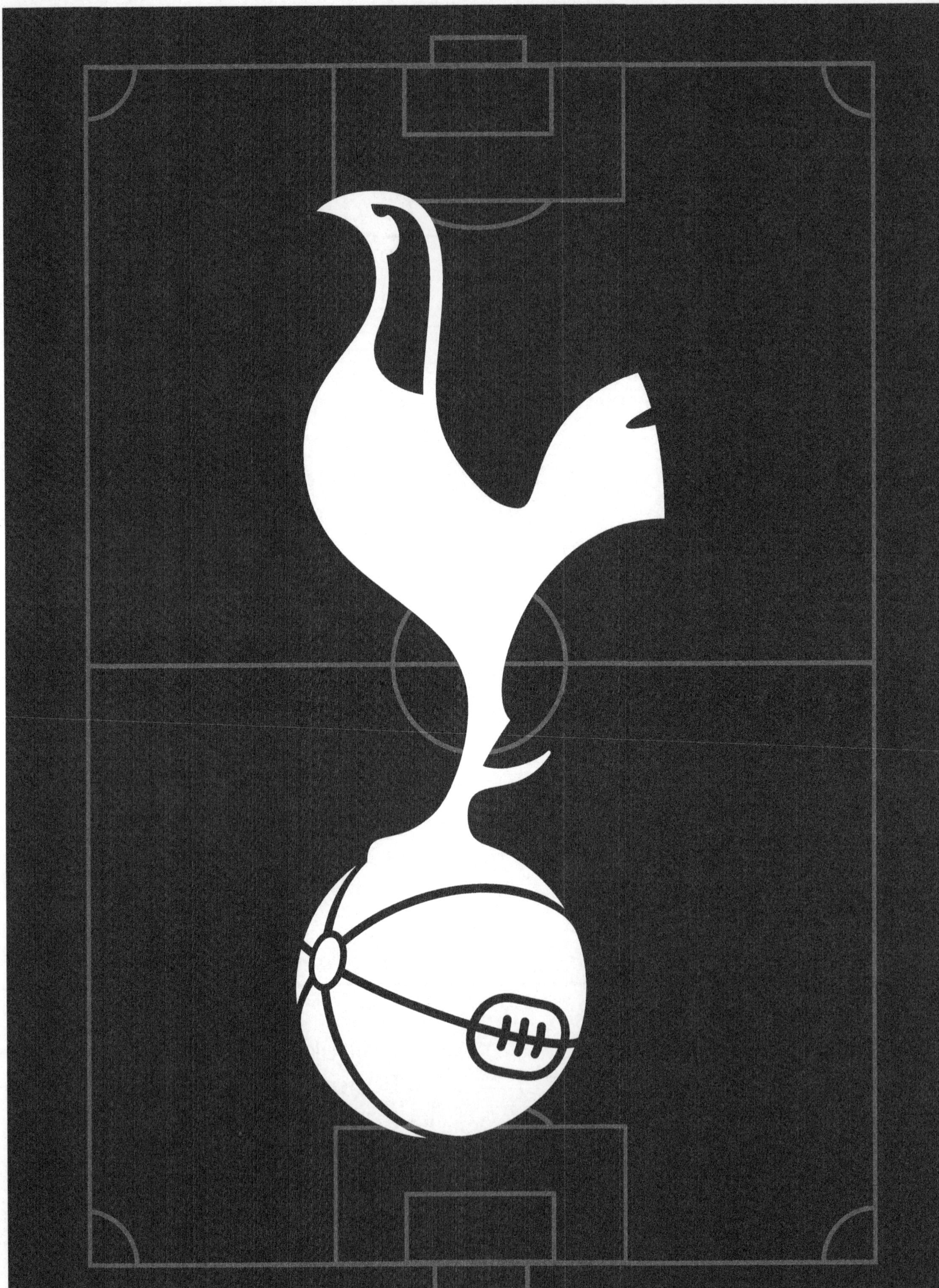

1
2
3
4
5
6
7
8
9
10
11
12

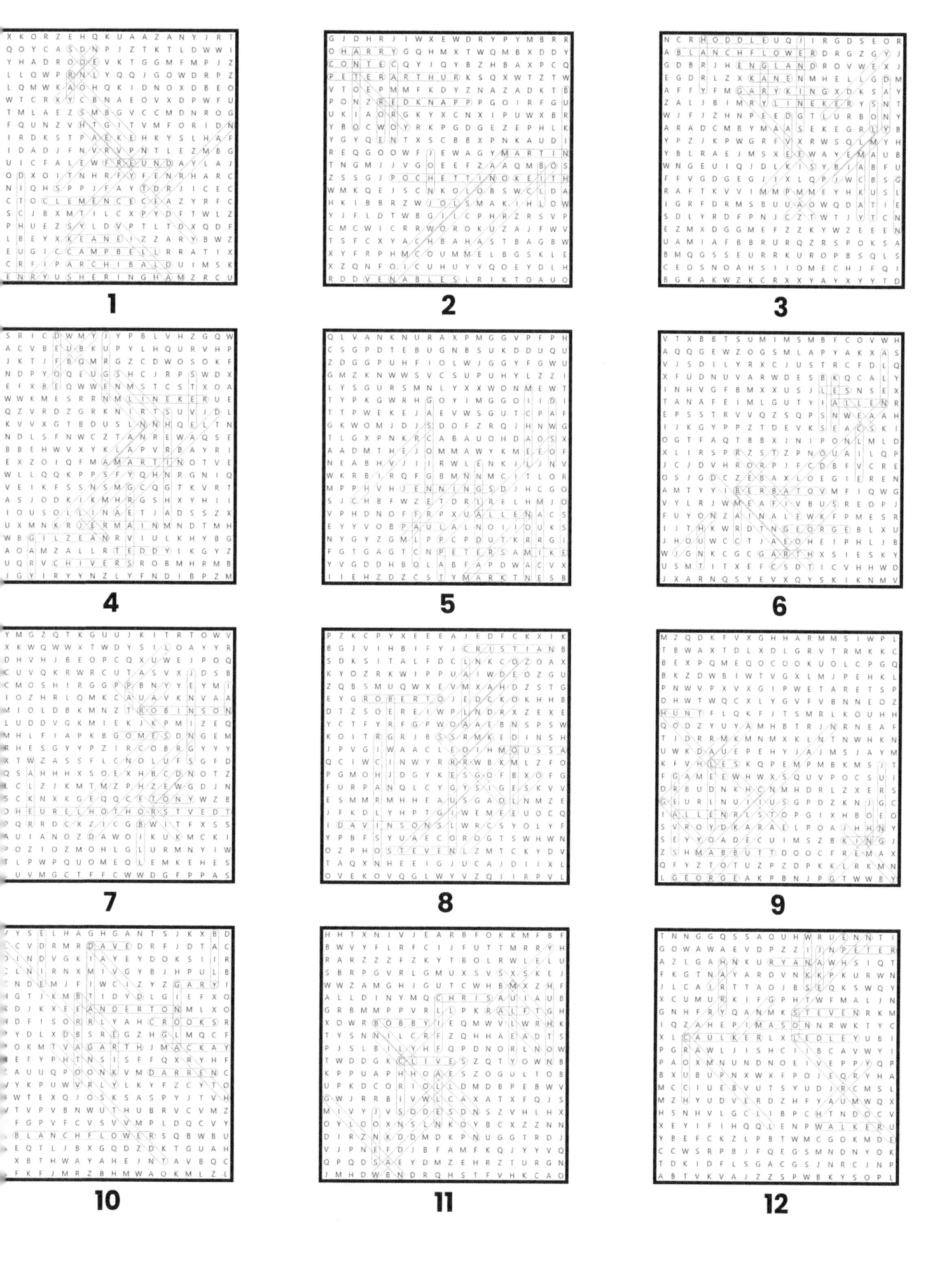

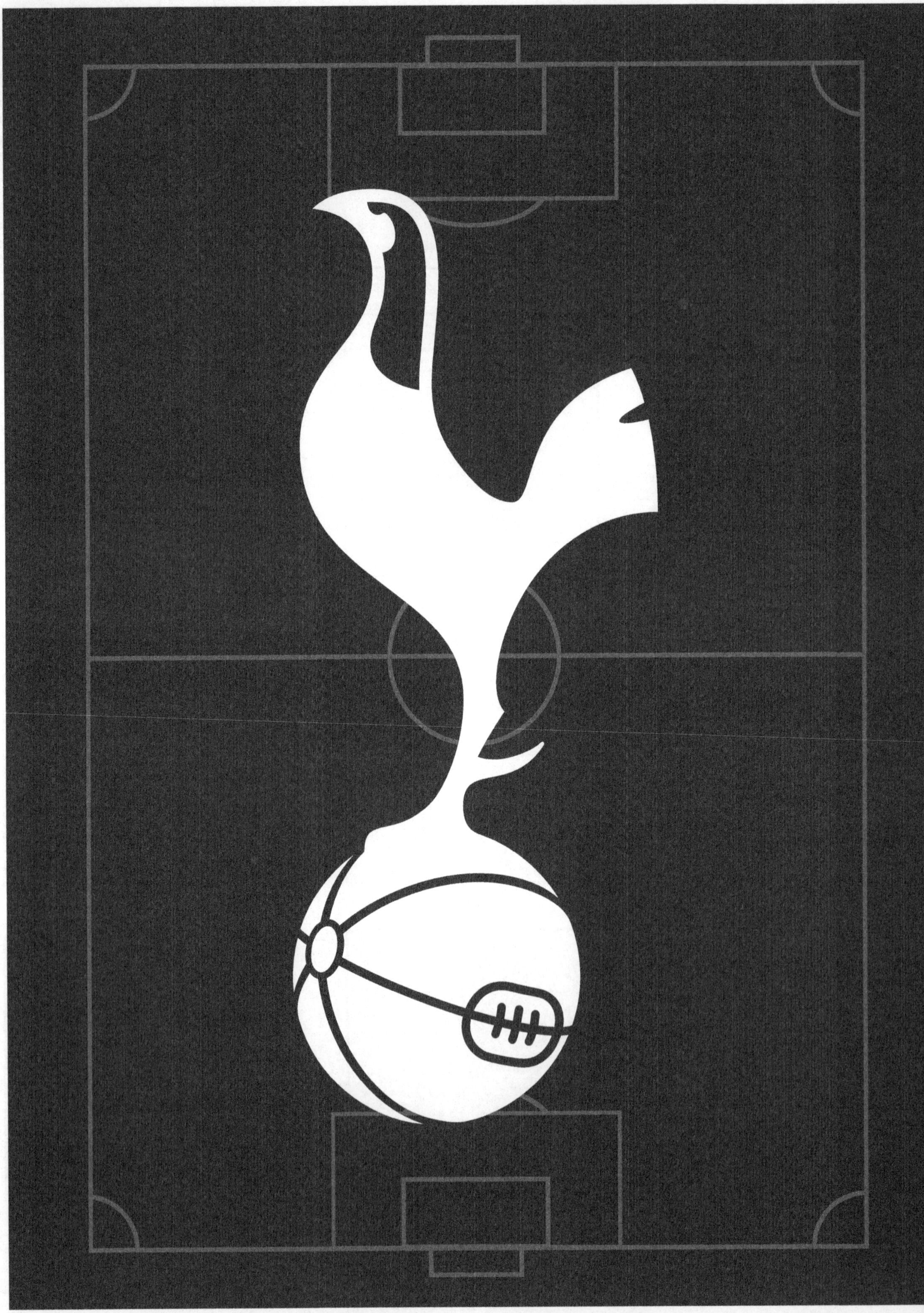

13 14 15

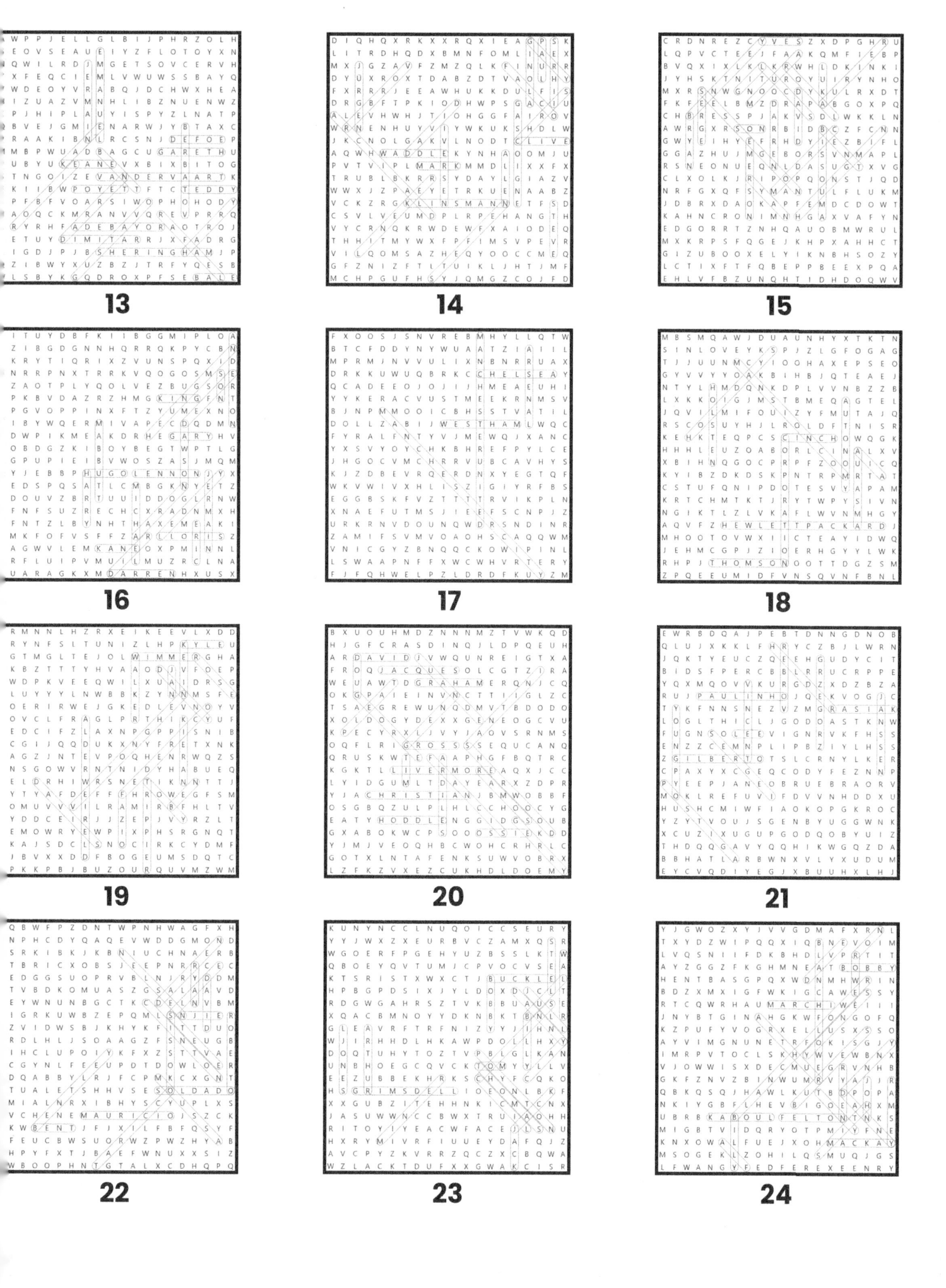

16 17 18

19 20 21

22 23 24

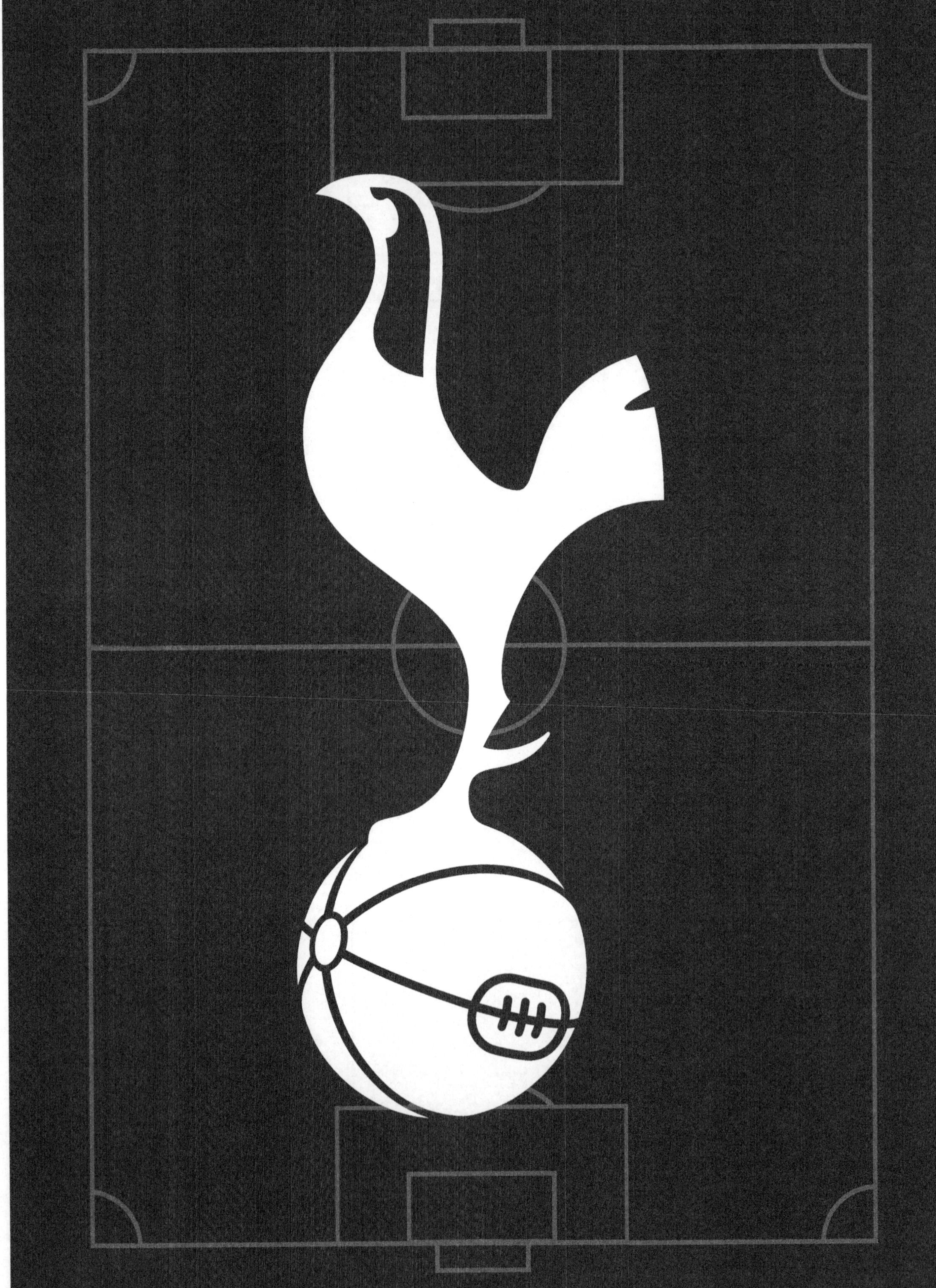

25 26 27 28 29 30 31 32 33 34 35 36

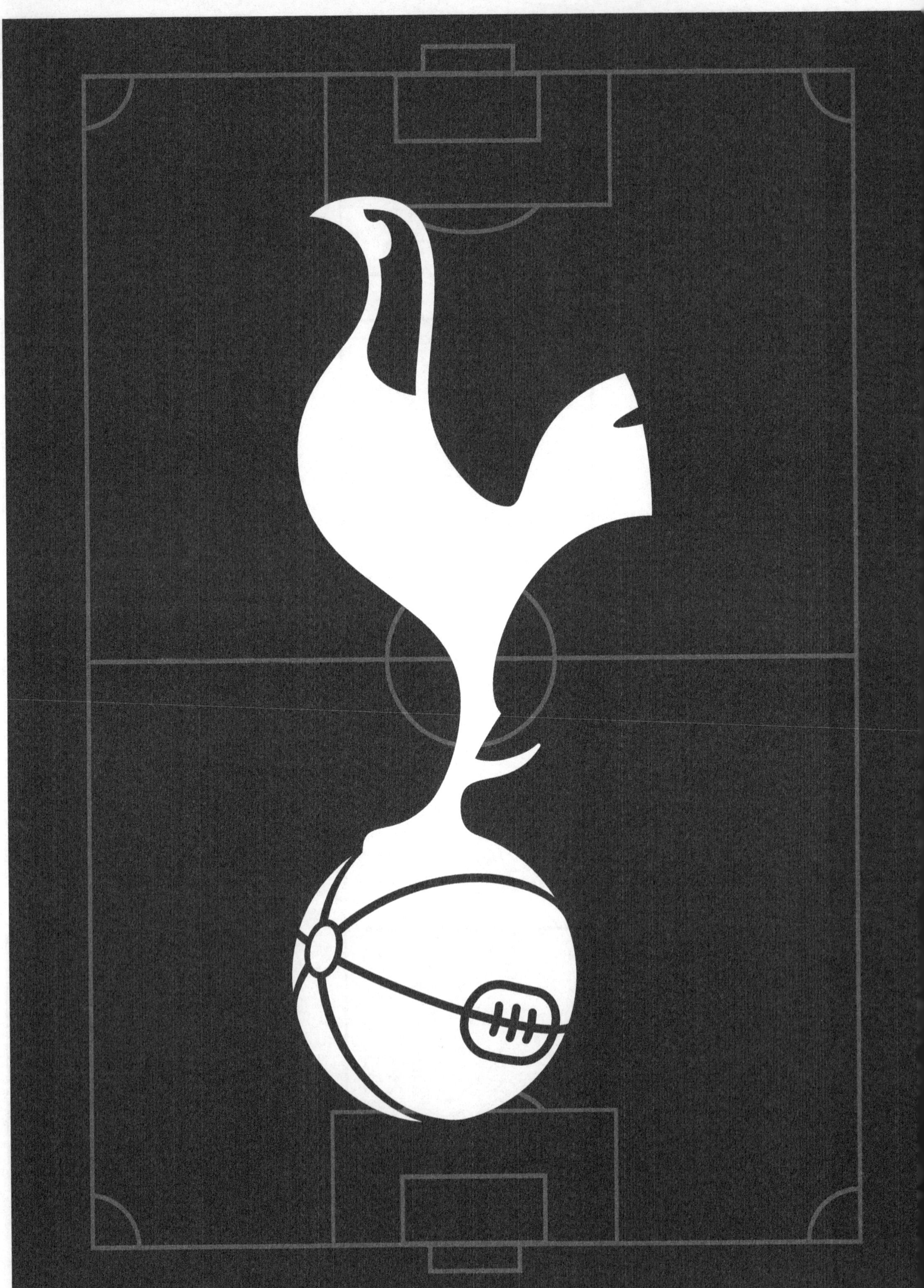

37

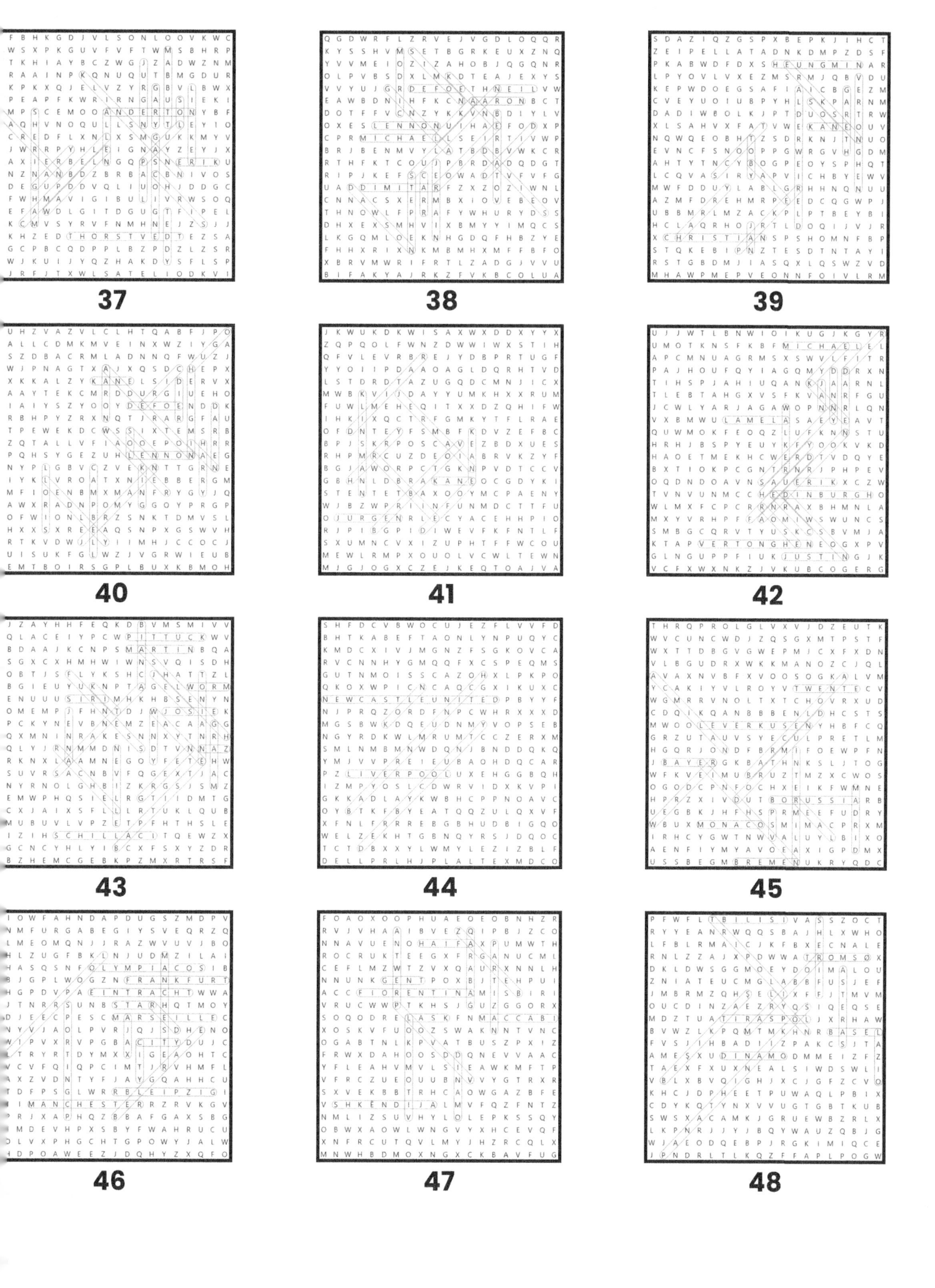

38

39

40

41

42

43

44

45

46

47

48

49

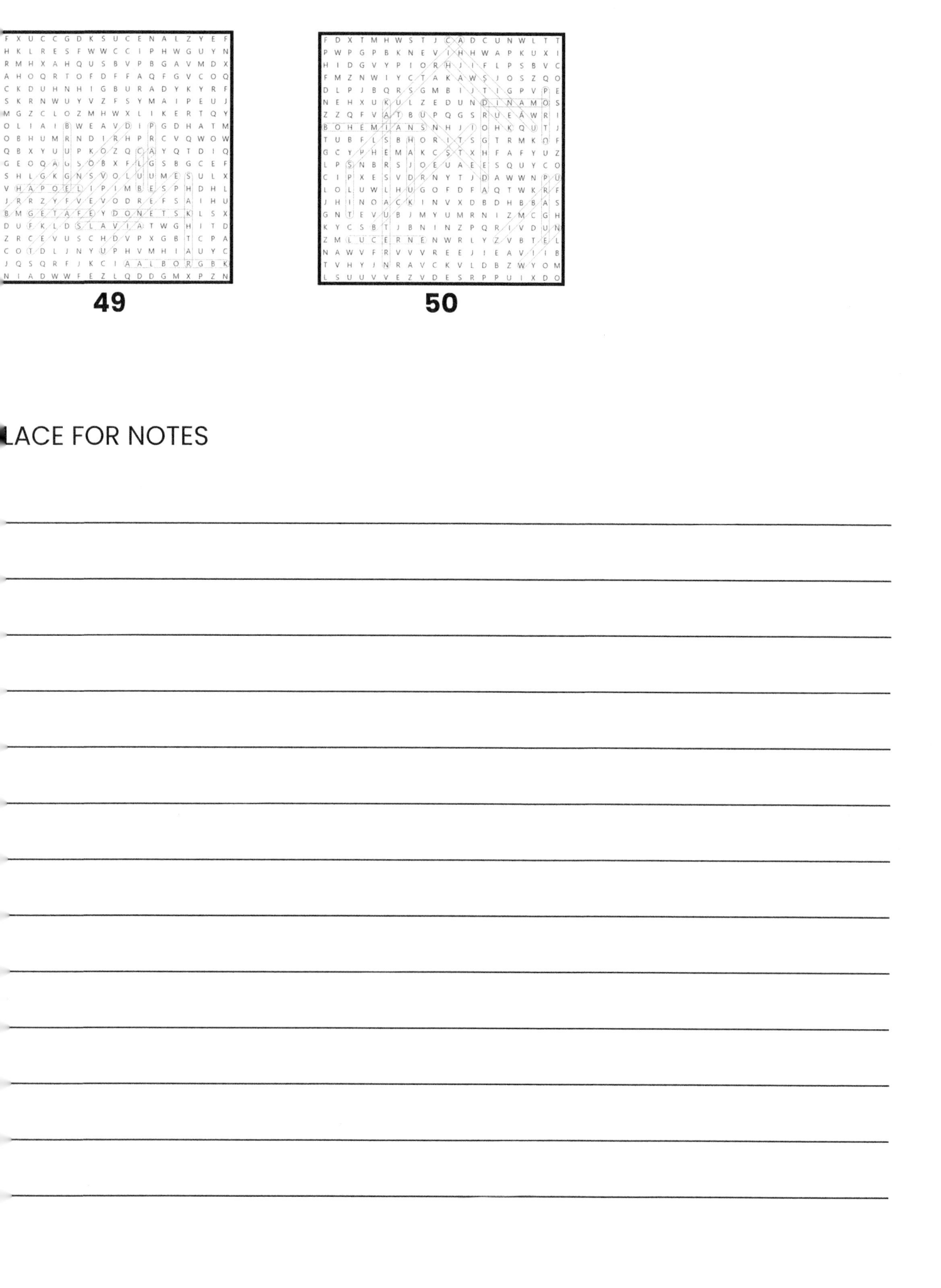

50

PLACE FOR NOTES

Printed in Great Britain
by Amazon